KERNFRAGEN PHILOSOPHIE

DK Penguin Random House

Lektorat Victoria Pyke, Carron Brown, Ciara Ní Éanacháin,
Linda Esposito, Andrew Macintyre, Jonathan Metcalf, Liz Wheeler
Gestaltung und Bildredaktion Jim Green, Daniela Boraschi,
Mik Gates, Michael Duffy, Phil Ormerod
Herstellung Nikoleta Parasaki, Gemma Sharpe
Umschlaggestaltung Maud Whatley, Mark Cavanagh
Illustration Daniela Boraschi, Mik Gates,
Jim Green, Charis Tsevis
Autor Marcus Weeks
Fachberatung Stephen Law

Für die deutsche Ausgabe:
Programmleitung Monika Schlitzer
Redaktionsleitung Kerstin Schlieker
Herstellungsleitung Dorothee Whittaker
Herstellungskoordination Claudia Rode
Herstellung Stefanie Staat

Titel der englischen Originalausgabe:
Heads up Philosophy

Übersetzung Christiane Wagler, Annerose Sieck
Lektorat Dr. Tamara Al Oudat

ISBN 978-3-8310-3802-2

Druck und Bindung Oriental Press Dubai Limited, VAE

FSC www.fsc.org MIX Paper from responsible sources FSC® C004800

www.dk-verlag.de

KERNFRAGEN PHILOSOPHIE

DK

Inhalt

Was ist der GEIST?

Was ist RATIONALES DENKEN?

Was ist RICHTIG, was FALSCH?

Was ist **Philosophie?**

Warum existiert überhaupt irgendetwas? Wodurch wird etwas richtig oder falsch? Gibt es Gott? Um die eigentliche Natur von Wissen, Wirklichkeit und Sein zu verstehen, widmet sich die Philosophie einigen der größten Rätsel. Viele dieser Fragen beschäftigen die Philosophen seit Jahrhunderten. Die Philosophie entstand, um das zu hinterfragen, was wir oft als gegeben hinnehmen.

Viele philosophische Fragen gehen über die Wissenschaft hinaus, zum Beispiel ethische. Zwar sind einige wissenschaftliche Entdeckungen ethisch bedeutsam. So können Wissenschaftler Atomwaffen bauen oder es uns ermöglichen, die Augen- oder Haarfarbe eines Babys nach unseren Wünschen zu bestimmen. Doch die Wissenschaft kann uns nicht sagen, ob wir solche neuen Verfahren anwenden sollten oder nicht. Sie muss sich wohl letztendlich darauf beschränken, uns darüber aufzuklären, wie die Welt ist. Die Ethik hingegen beschäftigt sich damit, wie die Welt sein *sollte*. Sich mit Philosophie auseinanderzusetzen heißt, sich durch Vernunft und logisches Denken der Wahrheit so weit wie möglich anzunähern. Philosophie ist eine Aktivität und ein gutes Mittel, um richtig denken zu lernen – auf allen Gebieten. Die dadurch erworbenen Fähigkeiten lassen

sich überall anwenden, ob bei einem Vortrag oder einem wichtigen Geschäftsabschluss. Die Philosophie hinterfragt auch unsere Ansichten. Es mag uns nicht bewusst sein, aber wir haben viele Überzeugungen, natürlich auch ethische: Viele glauben, dass Gott die Welt erschaffen hat und dass es ein Leben nach dem Tod gibt. Andere sind vom Gegenteil überzeugt. Oft sind unsere Ansichten von unserer Kultur, unserem Umfeld und unserer Tradition geprägt, doch sie können sich verändern. Vor nicht allzu langer Zeit fand man es in der westlichen Welt nicht falsch, Sklaven zu halten und Frauen das Wahlrecht zu verweigern. Heute wissen wir es besser. Es ist Aufgabe der Philosophie, herauszufinden, ob solche Vorstellungen gerechtfertigt sind oder nicht. Das mag lästig erscheinen, aber wir müssen uns diesen Fragen stellen. Denn die Antworten sind entscheidend.

Was machen **Philosophen**?

WO KANN ICH ETWAS ÜBER PHILOSOPHIE ERFAHREN?

Schule und Studium

An vielen Schulen, Hochschulen und Universitäten kann man Philosophie studieren und sich beruflich qualifizieren. Zudem ist Philosophie Teil anderer Studienfächer, wie Politik, Wirtschaft, Theologie und Psychologie.

Diskussionsgruppen

Immer mehr Menschen beschäftigen sich in ihrer Freizeit mit Philosophie. Philosophische Zirkel, in denen sich Gleichgesinnte in ungezwungenem Rahmen austauschen, sind beliebt. In vielen Städten werden auch Abendkurse angeboten.

WAS LERNE ICH DURCH PHILOSOPHIE?

Klar zu denken

Philosophie dreht sich um logisches Denken. Sich mit Philosophie auseinanderzusetzen und philosophische Probleme mit anderen zu diskutieren ist eine gute Geistesübung und schult das klare, logische Denken.

Etwas vorzutragen

Philosophische Erörterungen fördern zudem die Fähigkeit, ein Argument vorzutragen. Ein überzeugendes Argument untermauert nicht nur einen Standpunkt, sondern muss auch logisch und unmissverständlich dargelegt werden.

AUF WELCHEN GEBIETEN ARBEITEN PHILOSOPHEN?

Recht

Im Rechtswesen sind gutes Argumentationsvermögen und fundierte ethische Kenntnisse gefragt. Viele Philosophen arbeiten als Anwalt, Richter und Vermittler oder sind ethische Berater in Wissenschaft, Medizin und Geschäftswelt.

Staatswesen

Einige Philosophen verfolgen eine Laufbahn als Politiker, politischer Berater oder Aktivist. Viele arbeiten im öffentlichen Dienst und beraten die Regierung in wirtschafts-, sozial- und außenpolitischen Fragen und deren Umsetzung.

Nur wenige können von Philosophie leben. Sie schreiben Bücher oder lehren und forschen an Universitäten. Doch durch das Philosophiestudium erwirbt man Fähigkeiten, die für zahlreiche Berufe nützlich sind. Philosophen arbeiten in den unterschiedlichsten Bereichen. Daneben beschäftigen sich viele Menschen in ihrer Freizeit mit Philosophie.

Magazine und Blogs

Es gibt Philosophiezeitschriften für Laien. Meistens sind sie im Abonnement und nicht im Handel erhältlich. Manche Philosophiezeitschriften sind auch online verfügbar, neben zahlreichen philosophischen Blogs.

Bücher

Woher man auch sein Wissen bezieht, man kommt nicht daran vorbei, in Bibliotheken und Buchhandlungen nach philosophischen Schriften zu stöbern. Es gibt auch fachspezifische Enzyklopädien und Wörterbücher, von denen viele online verfügbar sind.

Zu verhandeln und zu vermitteln

Eine Kernkompetenz der Philosophie ist es, die Stärken und Schwächen eines Arguments zu erkennen. Das beinhaltet oft, ein Problem von allen Seiten zu betrachten und den Mittelweg zwischen zwei gegensätzlichen Ansichten zu finden.

Probleme zu lösen

Besonders durch Logik erwerben wir Denkfähigkeiten und erlernen Methoden, die es uns erleichtern, vernünftige Entscheidungen zu treffen. So können wir Aufgaben auf systematische, methodische Weise angehen und Problemlösungen erarbeiten.

Eigenständig zu denken

Vor allem lehrt uns Philosophie, gängige Meinungen nicht einfach zu akzeptieren. Sie stützt sich auf rationale Erklärungen, nicht auf Glauben und Vorurteil. Philosophen hinterfragen alte Ansichten und zeigen neue Sichtweisen auf.

Journalismus

Berichterstatter, Enthüllungsjournalisten, Politik-Kommentatoren und Herausgeber müssen den Kern einer Geschichte schnell erfassen und verständlich präsentieren. Philosophie schult viele im Journalismus gefragte Fähigkeiten.

Unternehmen

Einige Philosophen werden Unternehmer. Viele andere hingegen stellen fest, dass sie von ihrem philosophischen Wissen in Marketing, Werbung, Unternehmensorganisation und Personalbetreuung profitieren.

Geistige Gesundheit

Die Philosophie des Geistes steht in klarem Zusammenhang mit Psychologie. Viele Psychologen und Neurowissenschaftler haben Philosophie studiert. Einige Philosophiestudenten haben eine Ausbildung in Psychotherapie und psychosozialer Beratung.

Bildung

Neben ausgebildeten Philosophen, die üblicherweise an Universitäten und Hochschulen arbeiten, sind viele Philosophieabsolventen im Bildungswesen als Lehrer für die unterschiedlichsten Fächer und im Bereich der Bildungstheorie tätig.

Was ist **Wissen**?

WISSENSDRANG

Erkenntnistheorie ist der Philosophiezweig, der sich mit Wissen beschäftigt: Was ist Wissen und wie erwerben wir es? Eine der Kernfragen ist, wie viel Wissen wir durch unsere Sinneserfahrungen der Welt und wie viel wir durch logisches Denken erwerben – und auch, ob unserem Erkenntnisvermögen Grenzen gesetzt sind.

Woher WEISST du das?

Wie bist du auf diese IDEE gekommen?

Trau deinen SINNEN nicht

LOGISCHES DENKEN bringt Erkenntnis

Wir lernen durch ERFAHRUNG

Setze NICHTS als gegeben voraus

GLAUBEN ist nicht dasselbe wie WISSEN

Man kann NICHT ALLES wissen

Werden wir je die WAHRHEIT kennen?

Wissens-drang

Wir sind von Natur aus neugierig. Wir haben das Bedürfnis, die Welt um uns, unseren Platz darin und unsere Denk- und Verhaltensweisen zu verstehen. Unsere Suche nach Wissen verlangt Erklärungen – auch Erklärungen, wie wir Wissen erwerben und wie wir uns unseres Wissens sicher sein können.

Siehe auch: 14–15, 16–17

Frühe Ansichten

Von frühester Zeit an wollten die Menschen die Welt, in der sie leben, ergründen und verstehen. Sie suchten nach Erklärungen, besonders der Naturerscheinungen, die ihr Leben beeinflussten – wie der Wechsel der Jahreszeiten, der Wachstumszyklus von Pflanzen, Auf- und Untergang von Sonne und Mond und die Bewegung der Sterne. Für die Urmenschen waren sie eine Art Zauber und wurden oft als Werk übernatürlicher Kräfte interpretiert. Religion und Mythen entstanden, die Deutungen lieferten, nicht nur der materiellen Welt, sondern auch unseres Verhaltens, das gottgegebenen Gesetzen folgte. Und als sich Zivilisationen herausbildeten, formten diese traditionellen Ansichten die Grundlage der Kultur, den Rahmen der Gesellschaft und wurden nahezu unhinterfragt von Generation zu Generation weitergegeben. Doch als sich die Zivilisationen weiterentwickelten, befriedigten die alten Antworten die Neugier einiger Menschen nicht mehr. Statt etablierte Ansichten zu akzeptieren, suchten sie nach eigenen Antworten.

VERNUNFT IST UNSTERBLICH, ALLES ANDERE STERBLICH.

PYTHAGORAS

Rationale Erklärungen

Das Bedürfnis, die Welt selbst zu ergründen und die Überzeugungen von Religion und Tradition nicht einfach hinzunehmen, brachte die ersten Philosophen der griechischen Antike hervor. Sie stellten tradierte Vorstellungen infrage und erschlossen sich die Welt neu mithilfe ihres Denkvermögens. Dabei kamen sie zu dem Schluss, dass rationale Erklärungen, nicht bloße Überzeugungen, ihnen zu Erkenntnissen verhalfen. Diese ersten Phi-

Fehlender Schlüssel?
Die ersten Philosophen hinterfragten geltende Erklärungen, wie die Welt beschaffen ist und wie wir darin leben. Sie suchten andere Antworten und erschlossen sich die Welt durch logisches Denken neu.

> **VIELES HEMMT DIE ERKENNTNIS, SOWOHL DIE DUNKELHEIT DER SACHE WIE DIE KÜRZE DES MENSCHLICHEN LEBENS.**
>
> PROTAGORAS

losophen suchten nach Antworten, wie die Welt aufgebaut und beschaffen ist – eine Suche, die zur Herausbildung verschiedener Wissenschaftszweige führte. Als Gegenentwurf zu überlieferten Ansichten beschäftigten sich nachfolgende Philosophen hingegen mit der Frage nach dem tugendhaften Leben sowie der Natur von Wirklichkeit und menschlichem Dasein. Sich die Welt durch logisches Denken zu erschließen und vor allem den Diskurs zu fördern, ist das Wesen der Philosophie. Auch heute noch stellt sie unsere gesellschaftlichen Konventionen oft auf den Prüfstand.

Die Wissensfrage

Die Philosophie entstand aus unserem menschlichen Drang nach Wissen. Doch die Philosophen richteten ihre Aufmerksamkeit auch auf das Wissen selbst. Sie kamen zu der Einsicht, dass es nicht genügt, Aussagen über die Beschaffenheit von Dingen zu treffen oder diese sogar zu begründen – wir müssen auch herausfinden, wodurch wir etwas wissen. Als die griechische Zivilisation mit der Gründung des Stadtstaats Athen ihre Blüte erreichte, begannen die Philosophen zu fragen, was wir meinen, wenn wir sagen, dass wir etwas wissen, und was Wissen eigentlich ist. Das war die Geburt des Erkenntnistheorie genannten Philosophiezweigs, der sich mit allen Aspekten des Wissens beschäftigt: Wie erwerben wir Wissen, wie können wir uns unseres Wissens sicher sein, und hat das menschliche Erkennen Grenzen?

Das Wort „Philosophie" stammt aus dem Griechischen und bedeutet „Liebe zur Weisheit".

DIE ANFÄNGE

Zeitgleich mit der Entstehung der Stadtstaaten im antiken Griechenland bildeten sich Zivilgesellschaften in China und Indien heraus. Auch sie brachten erste Denker hervor, wie Kong Fuzi (Konfuzius) und Siddhartha Gautama (Buddha), die aber einen anderen Ansatz verfolgten. In der östlichen Philosophie liegt das Hauptaugenmerk darauf, wie man tugendhaft leben kann und wie man die Gesellschaft organisiert. Die Grenze zwischen Philosophie und Religion ist nicht so klar wie in der westlichen Philosophie.

Woher **weißt** du das?

Wir behaupten oft, etwas zu wissen, wenn wir eigentlich nur die Meinung anderer oder eine gängige Erklärung übernehmen. Den Philosophen reicht es nicht, eine Aussage ungeprüft als Tatsache zu akzeptieren. Sie brauchen einen guten Grund und überzeugende Argumente, um etwas zu glauben.

Sokrates war klug und ehrlich. Bevor er sein Todesurteil vollzog, wies er Kriton an, seine letzte Schuld zu begleichen – einen Hahn.

Erkenntnis durch Vernunft

Unzufrieden mit etablierten oder religiösen Deutungen, ergründeten frühe Philosophen der griechischen Antike die Welt durch schlussfolgerndes Denken. Sie bildeten neue Ansichten über Aufbau und Beschaffenheit der Welt und stützten ihre Theorien mit begründeten Argumenten. Daraus entwickelte sich der Gedanke, dass wir, um

SICHERE WAHRHEIT ERKANNTE KEIN MENSCH UND WIRD KEINER ERKENNEN.
XENOPHANES

etwas zu wissen, statt es einfach nur für wahr zu halten, unsere Vernunft benutzen müssen. Folglich ist die Vernunft die Quelle all unseres faktischen Wissens. Doch nicht alle altgriechischen Philosophen gingen davon aus, die großen Fragen allein durch Schlussfolgerungen beantworten zu können. So hielt auch Xenophanes vernünftiges Denken zwar für wichtig, argumentierte aber, es müsse durch Beweise der Außenwelt gestützt werden, damit es keine reine Spekulation sei.

Wir sind Nichtwissende

Allmählich verschob sich der Fokus des philosophischen Diskurses von Fragen über die Beschaffenheit des Universums zu der Frage, wodurch wir etwas wissen: nicht nur, wie wir uns unseres Wissens sicher sein können, sondern auch, wie wir Wissen erwerben und woher es stammt. Etwa zur selben Zeit, als Athen im 5. Jahrhundert v. Chr. zum kulturellen Zentrum der griechischen Antike wurde, wendeten sich die Philosophen mehr menschlichen Belangen wie Moral, Politik und der Frage des Wissens zu. Allen voran war Sokrates, der mithilfe seines Argumentationsvermögens gängige Vorstellungen und Überzeugungen hinterfragte, um herauszufinden, was wir wissen und was eigentlich nicht. Dabei führte er Streitgespräche mit anderen über das, was sie zu wissen glaubten. Um sich von Vorurteilen zu befreien, vertrat er den Standpunkt, nichtwissend zu sein. Dann stellte er die Ansichten und Annahmen seines Gesprächspartners auf den Prüfstand und deckte die Widersprüche und Defizite ihrer Argumentation und damit die Grenzen ihres Wissens auf. Was Sokrates am eindrücklichsten demonstrierte, war

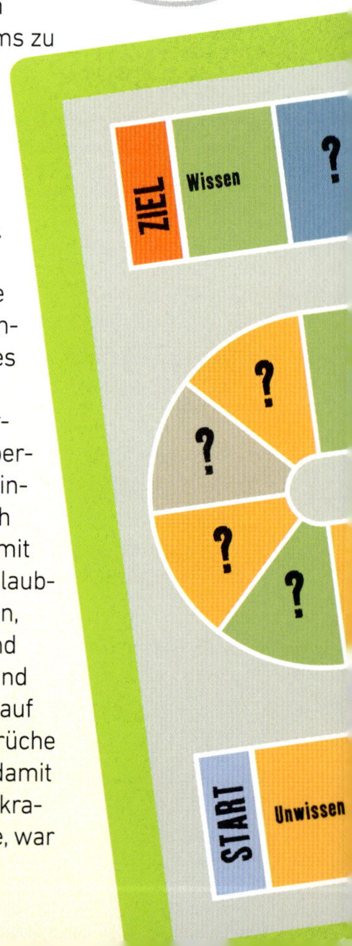

ICH WEISS, DASS ICH NICHT WEISS.

SOKRATES (NACH PLATON)

jedoch, dass die Vernunft es vermag, Schwachpunkte von Annahmen zutage zu fördern, und dass vernünftiges Denken zu einer tieferen Erkenntnis führen kann.

DER WEISESTE VON ALLEN

Das Orakel von Delphi sagte, niemand sei weiser als Sokrates. Doch Sokrates bestand darauf, ein Nichtwissender zu sein. Wie konnte er dann der Weiseste sein? Als er mit den bedeutendsten Männern Athens philosophische Dispute führte, erkannte er, dass sie sich nur einbildeten viel zu wissen. Er war weiser als sie, denn er war sich der Grenzen seines Wissens bewusst.

Wissen hinterfragen

Sokrates machte sich nicht nur daran, gängige Meinungen jener Zeit anzufechten, sondern suchte damit nach Erkenntnissen, die wir gewinnen können. Er war besonders an moralischen und politischen Themen interessiert und stellte Fragen, wie „Was ist Gerechtigkeit?" oder „Was ist Mut?". Obwohl die meisten die Antwort darauf zu wissen glaubten, wies er nach, dass es nicht so war. Viele seiner Gesprächspartner fanden Beispiele gerechter oder mutiger Taten, um ihre Ansichten zu untermauern, konnten aber nicht sagen, was diese Beispiele gemeinsam hatten. Sokrates suchte mit seiner Methode nicht nach einer einfachen Definition davon, was wir unter „Gerechtigkeit" oder „Mut" verstehen, sondern nach dem Wesen von Gerechtigkeit und Mut. Und er nahm an, dass dieses Wesen etwas ist, das wir nur durch schlussfolgerndes Denken erkennen können.

Siehe auch: 12–13, 20–21

Alles hinterfragen
Sokrates glaubte, dass wir unwissend geboren werden, aber im Lauf des Lebens Wissen erwerben, indem wir die Ansichten und Konventionen, denen wir stets begegnen, hinterfragen.

Wie bist du auf diese

Eine der fundamentalen Fragen der Erkenntnistheorie (dem Philosophiezweig, der sich mit Wissen beschäftigt) ist: Woher stammt unser Wissen? Seit der griechischen Antike streiten sich die Philosophen darüber, ob unser Wissen zumindest in Teilen angeboren ist oder ob wir aus unseren Erfahrungen lernen.

Zwei Denkschulen

Während des Großteils der Philosophiegeschichte teilten Theorien über den Wissenserwerb die Philosophen in zwei Lager. Die Vertreter der einen Strömung argumentieren, dass wir mit einem logischen Denkvermögen geboren werden und diese angeborene Fähigkeit es uns erlaubt, Erkenntnisse zu gewinnen. Diese Rationalismus genannte Sicht, wonach die Vernunft die Hauptquelle unserer Erkenntnis ist, geht davon aus, dass die Wirklichkeit aus Fakten besteht, die wir durch logisches Denken erkennen können. Die Vertreter der anderen Strömung hingegen behaupten, dass wir keine angeborenen Fähigkeiten oder Ideen besitzen, sondern Wissen durch unser Erleben der Außenwelt erwerben. Diese Empirismus genannte Sicht hält die durch unsere Sinneserfahrungen gewonnenen Informationen für die primäre Quelle der Erkenntnis.

„Epistemologie" (Synonym für Erkenntnistheorie) stammt vom griechischen Wort für „Erkenntnis".

UNSER LERNEN IST NICHTS ANDERES ALS WIEDERERINNERUNG.

PLATON

Angeborenes Wissen wiedererinnern

Die frühen Philosophen der griechischen Antike betonten unser logisches Denkvermögen. Sie glaubten, dass die Vernunft allein zu Erkenntnissen führt. Platon belegte das durch eine Geschichte über Sokrates, der ein Geometrieproblem mit einem jungen Sklaven erörterte, der nichts von Geometrie verstand. Als er zusah, wie Sokrates Diagramme in den Sand zeichnete, konnte der Junge die Lösung selbst herleiten. Obwohl Sokrates ihm die Antwort nicht verriet, wusste der Junge, dass er die Lösung gefunden hatte. Platon argumentierte, da der Junge dem Problem und dessen Lösung nie begegnet sei, müsse es sich um Wissen handeln, das der Junge bereits besaß – angeborenes Wissen, auf das er durch logisches Denken zugriff. Wir werden mit einigen Kenntnissen geboren, nahm er an,

Idee gekommen?

ODER LERNEN WIR DURCH UNSERE SINNES-ERFAHRUNGEN?

die außerhalb der Sinneswelt in einer „Welt der Ideen" existieren. Diese Kenntnisse, nicht unsere Sinneserfahrungen, sind die Quelle all unseres Wissens.

Bezug zur Wirklichkeit

Obwohl Platons Ideenlehre jahrhundertelang vor vielen Philosophen Bestand fand, vertrat einer seiner Schüler eine ganz andere Sicht. Aristoteles glaubte nicht an angeborene Ideen, sondern ging davon aus, dass wir unwissend geboren werden und unsere Erkenntnisse auf unseren Sinneserfahrungen der Welt beruhen. Dieses empirische Argument kam nach dem Mittelalter wieder auf, als wissenschaftliche Entdeckungen nun eher durch Beobachtung (Sinneserfahrung) statt theoretischer Erwägungen des bereits Bekannten gemacht wurden. René Descartes griff Platons Ideenlehre im 17. Jahrhundert wieder auf und löste damit eine Reaktion von John Locke aus, der wie Aristoteles die Vorstellung von angeborenem Wissen ablehnte. Locke war der Begründer des Empirismus und glaubte, dass unsere Sinneserfahrungen uns Erkenntnisse über die Außenwelt liefern und unsere Sinne die einzige direkte Schnittstelle zwischen unserem Geist und der Außenwelt sind. Wir können mithilfe der Vernunft Sinneseindrücke erklären und Ideen formulieren, aber alles, was nicht aus Sinneserfahrungen stammt, hat keinen Bezug zur äußeren Wirklichkeit und kann uns daher keine Erkenntnisse darüber liefern.

Wer hat Recht?

Platon und die Vertreter des Rationalismus glaubten, unser Wissen sei angeboren und wir könnten es durch logisches Denken wieder hervorrufen. Doch Aristoteles und die Vertreter des Empirismus argumentierten, dass wir unser Wissen über die Außenwelt durch unsere Sinneserfahrungen erwerben.

Siehe auch: 18–19, 20–21, 24–25

ALLE MENSCHEN STREBEN VON NATUR AUS NACH WISSEN.

ARISTOTELES

NEUE IDEEN

Sowohl Platon als auch Aristoteles gründeten Schulen, die Akademie und das Lykeion. Dort lehrten sie nicht ihre Theorie, sondern förderten den philosophischen Disput. Obwohl die Philosophen uneins über die ursprüngliche Quelle des Wissens sind, wird fast überall anerkannt, dass neue Ideen durch logisches Denken und besonders durch philosophische Betrachtung und Argumentation entstehen.

HÖREN DIE DINGE AUF ZU EXISTIEREN, WENN WIR SIE NICHT MEHR ANSEHEN?

Die Welt verschwindet
Einige Philosophen glauben, dass wir Wissen nur durch Sinneserfahrungen erwerben. George Berkeley bezweifelte sogar, dass es eine materielle Welt außerhalb unserer Sinneserfahrungen gibt.

Siehe auch: 14–15, 16–17, 20–21, 24–25, 44–45

Trau deinen

Wir glauben, dass die Sinne uns eine ziemlich genaue Vorstellung von unserer Umwelt liefern: „Sehen heißt glauben." Doch wir wissen auch, dass Sinne getäuscht werden können, etwa durch optische Täuschungen. Sind sie daher eine unzuverlässige Wissensquelle? Sollten wir den aus ihnen gewonnenen Erkenntnissen nicht trauen?

George Berkeley erlebte früh seine Blüte. Er verfasste seine bekanntesten Werke in seinen Zwanzigern.

Die unvollkommene Welt

Platon war einer der ersten Philosophen, der sich mit dem Problem der Unzuverlässigkeit unserer Sinne als Quelle der Erkenntnis befasste. Wie sein Lehrer Sokrates wollte er beweisen, dass vieles, was uns selbstverständlich erscheint – das, was wir zu wissen glauben –, auf unzuverlässigen Quellen beruht. Er argumentierte, dass nicht nur unsere Sinne uns oft in die Irre führen, sondern dass auch die Welt, in der wir leben und die wir sinnlich wahrnehmen, unvollkommen ist. Wenn wir etwa einen Kreis sehen, der auf ein Blatt Papier gezeichnet ist, erkennen wir ihn als Kreis. Aber er ist nicht vollkommen – wie sorgfältig man ihn auch zeichnet. Ein vollkommener Kreis existiert nicht in unserer Welt. Hier, sagte Platon, existiert nichts in seiner vollkommenen Urform. Es handelt sich um eine Scheinwelt mit unvollkommenen Projektionen vollkommener Urbilder. Und daher muss das Wissen, das wir durch unsere Sinne gewinnen, auch unvollkommen sein.

ALL JENES WIRKT BEZAUBERND, WAS EINE TÄUSCHUNG ENTHÄLT.
PLATON

Die Sinne lassen sich täuschen

Der französische Philosoph und Mathematiker René Descartes griff später die Vorstellung auf, dass unsere Sinne uns vielleicht täuschen. Er stellte fest, dass sie zuweilen falsche Eindrücke liefern – so erscheint

Sinnen nicht

> **WIR BETREFFEN DIE SINNE BISWEILEN AUF DEM IRRTHUM. DIE KLUGHEIT FORDERT, NIEMALS DENEN VIEL ZU TRAUEN, DIE UNS AUCH NUR EINMAL GETÄUSCHT HABEN.**
>
> RENÉ DESCARTES

ein gerader Halm in einem Wasserglas gekrümmt. Und wenn wir wissen, dass Sinne unzuverlässig sind, dürfen wir ihnen auch nicht völlig vertrauen – alles, was wir mit den Sinnen wahrnehmen, könnte falsch sein. Es könnte sogar sein, dass wir schlafen und die Welt, die wir wahrnehmen, nur ein Traum ist. Oder dass Gott oder ein böser Geist uns Sachverhalte vorgaukelt. Wenn das aber so ist, können wir nie etwas mit Sicherheit wissen. Doch dann bewies Descartes, dass er sich einer Sache sicher sein kann. Um getäuscht zu werden, muss er existieren, und zwar als „denkendes Ding". Obwohl er seinen Sinnen nicht trauen kann, kann er gewiss sein, dass er als „denkendes Ding" existiert.

Nur Wahrgenommenes existiert

Viele, jedoch nicht alle Philosophen des 17. Jahrhunderts, folgten Descartes' Argument. Einige, besonders in Großbritannien, akzeptierten die Unzuverlässigkeit der Sinne, aber glaubten, dass sie die einzige Quelle der Erkenntnis sind. Wir haben ein logisches Denkvermögen, aber es liefert uns selbst keine Erkenntnisse, sondern damit entschlüsseln wir Informationen, die uns die Sinne liefern. Wir können Dinge nur erkennen, wenn wir sie wahrnehmen, und das kann nur mit unseren Sinnen geschehen. George Berkeley führte diese als Empirismus bezeichnete Sicht zum Extrem: Zwar begreifen wir Dinge durch sinnliche Wahrnehmung, doch das Einzige, was wir wahrnehmen können, ist die Vorstellung von diesen Dingen in unserem Geist. Es gibt keine Beweise dafür, dass etwas außerhalb unseres Geistes existiert. Wir können uns nur der Existenz des Geistes und der Ideen, die er hervorbringt, sicher sein. Eine materielle Welt gibt es Berkeley zufolge nicht.

IRREFÜHRENDER DÄMON

René Descartes wollte sich eine Situation vorstellen, in der es absolut unmöglich wäre, sich auf das zu verlassen, was seine Sinne ihm mitteilen. Dazu entwarf er ein Gedankenexperiment, eine imaginäre Situation, in der ein böser Geist die Macht hatte, ihn zu täuschen und dazu zu bringen, etwas zu glauben, obwohl es nicht wahr ist.

Logisches Denken

Obwohl es scheint, als ob wir die Welt durch das begreifen, was wir sehen, hören, fühlen, schmecken und riechen, sind unsere Sinne nicht vollkommen. Sie vermitteln uns eine unvollkommene Vorstellung der Wirklichkeit. Doch wir haben eine weitere Fähigkeit, unser Denkvermögen, das für viele Philosophen eine zuverlässigere Quelle der Erkenntnis darstellt.

Platon befand, dass Männer und Frauen das gleiche Denkvermögen besitzen und dieselbe Bildung erhalten sollten.

Alles hat ein Urbild

Die Vorstellung von der Unzuverlässigkeit der Sinneserfahrungen steht im Mittelpunkt der Philosophie Platons. Er argumentierte, dass unsere Sinne uns nur den Anschein von Wirklichkeit vermitteln und wir nur durch logisches Denken der wahren Natur der Dinge auf den Grund kommen. Sein Lehrer Sokrates hatte Fragen gestellt wie „Was ist Gerechtigkeit?“ und „Was ist Tugend?“, um zum Wesen der Dinge vorzudringen. Statt einfach auf Beispiele von Gerechtigkeit oder Tugend zu verweisen, glaubte Sokrates, dass es eine urbildhafte Form dieser Dinge geben muss. Platon entwickelte den Gedanken weiter. Er dachte, dass es nicht nur Urbilder von abstrakten Begriffen wie Gerechtigkeit und Tugend gibt, sondern auch von Gegenständen. Und was wir mit unseren Sinnen wahrnehmen, sind nur unvollkommene Projektionen dieser Urbilder. Wenn wir beispielsweise einen Stuhl sehen, erkennen wir ihn als solchen, obwohl es alle möglichen Stuhlarten gibt. Das liegt laut Platon daran, dass in unserem Geist das Urbild eines Stuhls existiert, und der Stuhl, den wir sehen, ein Beispiel, ein unvollkommenes „Abbild“ dieses Urbilds ist.

ALLES SEIENDE IST NUR EIN SCHATTEN.

PLATON

Die Welt der Ideen

Platon erklärte, diese von ihm als Idee oder Form bezeichneten Urbilder existierten wirklich, aber in einer eigenständigen Welt. Unsere Welt enthält nur die unvollkommenen Schatten dieser Urbilder. Doch obwohl die Welt der Ideen oder Formen, wie er sie nannte, sich außerhalb von Raum und Zeit befindet, ist sie für uns durch unsere angeborene Kenntnis dieser Urbilder zugänglich. So können wir ein Dreieck erkennen, auch wenn dessen Seiten nicht gerade sind, weil wir eine angeborene Vorstellung von

bringt Erkenntnis

Perfekte Schatten
Auch wenn wir beispielsweise Kreise und Rechtecke erkennen können, sagte Platon, seien diese nur unvollkommene Abbilder vollkommener Urbilder. Perfekte Kreise und Rechtecke gibt es nicht in der Welt, in der wir leben.

einem perfekten Dreieck haben. Darüber hinaus können wir durch logisches Denken herausfinden, dass die drei Winkel des Dreiecks zusammen 180 °, eine Gerade, ergeben und wissen, dass es sich auch so verhält. Platon hielt unsere Alltagswelt für eine Illusion (unwirklich) und glaubte, die Wirklichkeit existiere nur in der Welt der Ideen. Und da uns die Sinne lediglich unvollkommene Schattenbilder vermitteln, können wir die Wirklichkeit nur mithilfe der Vernunft tatsächlich erkennen.

Zwei und zwei ergibt vier

Platons Vorstellung, dass vernünftiges Denken die primäre Quelle der Erkenntnis ist, stand auch im Zentrum der Philosophie René Descartes' im 17. Jahrhundert. Da unsere Sinne sich täuschen können, befand er, könnten wir gesichertes Wissen nur durch logisches Denken erwerben. Als begabter Mathematiker erkannte er, dass mathematische Gesetze, besonders die der Geometrie, nur durch logisches Denken erkannt werden können – indem man durch schrittweise Prüfung von Fakten zu einer Schlussfolgerung gelangt.
Außerdem glaubte er, dass alles im Universum eine logische Struktur hat, die sich ebenso entschlüsseln lässt. Die als Rationalismus bekannte Sicht beeinflusste besonders Mathematiker wie Baruch de Spinoza und Gottfried Wilhelm Leibniz, die in Descartes' Fußstapfen traten. Im 17. und 18. Jahrhundert, einer Zeit großer mathematischer Fortschritte, war der Rationalismus die dominierende Philosophie Europas.

Siehe auch: 14–15, 18–19

HÖHLENGLEICHNIS

Platon erläuterte mit dem Gleichnis seine Ideenlehre. In einer Höhle sind Menschen mit dem Rücken zum Eingang gefesselt. Hinter ihnen brennt ein Feuer, das Schatten von Dingen auf die hintere Höhlenwand wirft. Für die Gefangenen sind die Schatten die einzig erkennbare Wirklichkeit. Könnten sie sich umdrehen, würden sie erkennen, dass sie nur die Schatten realer Objekte sehen.

DAVID HUME

1711–1776

Der schottische Philosoph David Hume war erst zwölf, als er an die Universität Edinburgh ging. Er studierte Rechtswissenschaft, bevorzugte jedoch Philosophie. Danach arbeitete er als Schreibgehilfe in Bristol und forschte später im französischen La Flèche, dessen berühmte Jesuitenschule René Descartes ein Jahrhundert zuvor besucht hatte. Erst nach Humes Tod wurde sein philosophisches Werk anerkannt.

JUNGER AUTOR

Hume war fleißig und vollendete das *Traktat über die menschliche Natur* in seinen Zwanzigern. Es wurde 1739/40 veröffentlicht und fand kaum Beachtung, obwohl es später immensen Einfluss hatte. Unbeirrt publizierte Hume weitere Essaybände und eine vereinfachte, erfolgreiche Fassung seines ersten Werks, die er in Teilen herausgab, wie z. B. *Untersuchung in Betreff des menschlichen Verstandes* (1748).

Als Hume einige Bücher für die Bibliothek, in der er arbeitete, nicht bestellen durfte, überließ er sein Gehalt aus Protest dem blinden Dichter Thomas Blacklock.

EMPIRISMUS UND NUTZEN

Hume war ein Vertreter des Empirismus und glaubte, Erkenntnisse über die Realität könne man nur durch die Sinne gewinnen. Diese Wahrnehmungen seien jedoch individuell, nicht universell. Zudem befand er, dass Affekte, nicht die Vernunft, das Verhalten steuern und moralische Prinzipien nicht auf Gottes Willen beruhen, sondern auf ihrem Nutzen für die Menschen.

ERFOLGREICHER HISTORIKER

Da es Hume nicht gelang, eine Anstellung an den Universitäten in Glasgow und Edinburgh zu bekommen, arbeitete er ab 1752 als Bibliothekar an der Advokatenkammer in Edinburgh. Mit Zugang zu 30 000 Büchern verfasste Hume die monumentale, sechsbändige *Geschichte Englands* (1754). Sie enthielt mehr als eine Million Wörter, entwickelte sich zu einem Verkaufsschlager und wurde mindestens hundertmal nachgedruckt.

„Die **Vernunft** ist nur der **Sklave** der **Affekte** … Sie darf niemals eine andere Funktion beanspruchen, als die, denselben zu **dienen** und zu gehorchen.“

RELIGIONSKRITIK

Als Kind besuchte Hume die Kirche. Als Erwachsener verärgerte er viele mit der Aussage, Erkenntnis stamme nicht von Gott, sondern von der Wahrnehmung. Er kritisierte die Grundlagen einiger Glaubensrichtungen und schrieb in *Traktat über die menschliche Natur*: „Im Allgemeinen aber sind die Irrtümer in der Religion gefährlich, die Irrtümer in der Philosophie lediglich lächerlich.“

Wir lernen durch **Erfahrung**

Während viele Philosophen im Lauf der Geschichte glaubten, logisches Denken sei die primäre Quelle der Erkenntnis, argumentierten andere, unser Wissen über die Welt gewännen wir größtenteils durch Sinneseindrücke. Wir werden unwissend geboren und erwerben Wissen durch den Gebrauch unserer Sinne.

DIE WAHRHEIT LIEGT IN DER WELT UM UNS.

ARISTOTELES

Ein unbeschriebenes Blatt

Seit den Anfängen in der griechischen Antike stützte sich die Philosophie bei ihrer Suche nach Antworten und Erklärungen auf rationales Denken. Das logische Denkvermögen galt als so wichtig – viel wichtiger als die Wahrnehmung unserer unvollkommenen Sinne –, dass es für Platon die einzige Quelle der Erkenntnis war. Andere glaubten hingegen, dass auch unsere sinnliche Wahrnehmung der Welt für Wahrheitserkenntnis und Wissenserwerb wesentlich ist. Und Aristoteles vertrat eine fast gegensätzliche Ansicht zu Platon. Wenn wir geboren werden, argumentierte er, ist unser Verstand wie ein unbeschriebenes Blatt, und wir gewinnen Erkenntnisse über die Welt durch Sinneseindrücke – was wir sehen, hören, fühlen, schmecken und riechen.

Das Wesen der Dinge

Für Aristoteles war das, was wir in der Welt wahrnehmen, kein unvollkommenes Abbild idealer Urbilder, die in einer eigenen Welt existieren, wie Platon dachte. Statt eine angeborene Vorstellung des perfekten Urbilds zu haben, anhand derer wir die unvollkommenen Abbilder erkennen können, gewinnen wir eine Vorstellung vom Wesen eines Dings, weil wir verschiedene Beispiele davon wahrgenommen haben. Weil wir viele Hunde sehen, lernen wir, was alle Hunde gemeinsam haben. Das macht die von Aristoteles so bezeichnete „Form" eines Hundes aus, sein Wesen, das nicht in einer eigenständigen Welt existiert, sondern in jedem einzelnen Hund. Durch unsere Eindrücke dieser Individuen gewinnen wir Erkenntnisse über ihr Wesen – das betrifft nicht nur Dinge der natürlichen Welt, sondern auch Begriffe wie Gerechtigkeit und Tugend. Bei unserer Geburt haben wir keine angeborene Vorstellung davon, was richtig oder falsch ist, sondern wir erkennen, was ihrem Auftreten gemein ist, und verstehen so, was sie im Kern ausmacht.

Wissen durch Erfahrung

Aristoteles' Vorstellung, dass Sinneseindrücke die Hauptquelle der Erkenntnis sind, beeinflusste die Entwicklung der Wissenschaft, besonders am Ende des Mittelalters, als bedeutende Entdeckungen mit-

WIR WOLLEN ALSO ANNEHMEN, DIE SEELE SEI EIN WEISSES BLATT PAPIER, OHNE IRGEND WELCHE VORSTELLUNGEN; WIE WIRD SIE NUN DAMIT VERSORGT?

JOHN LOCKE

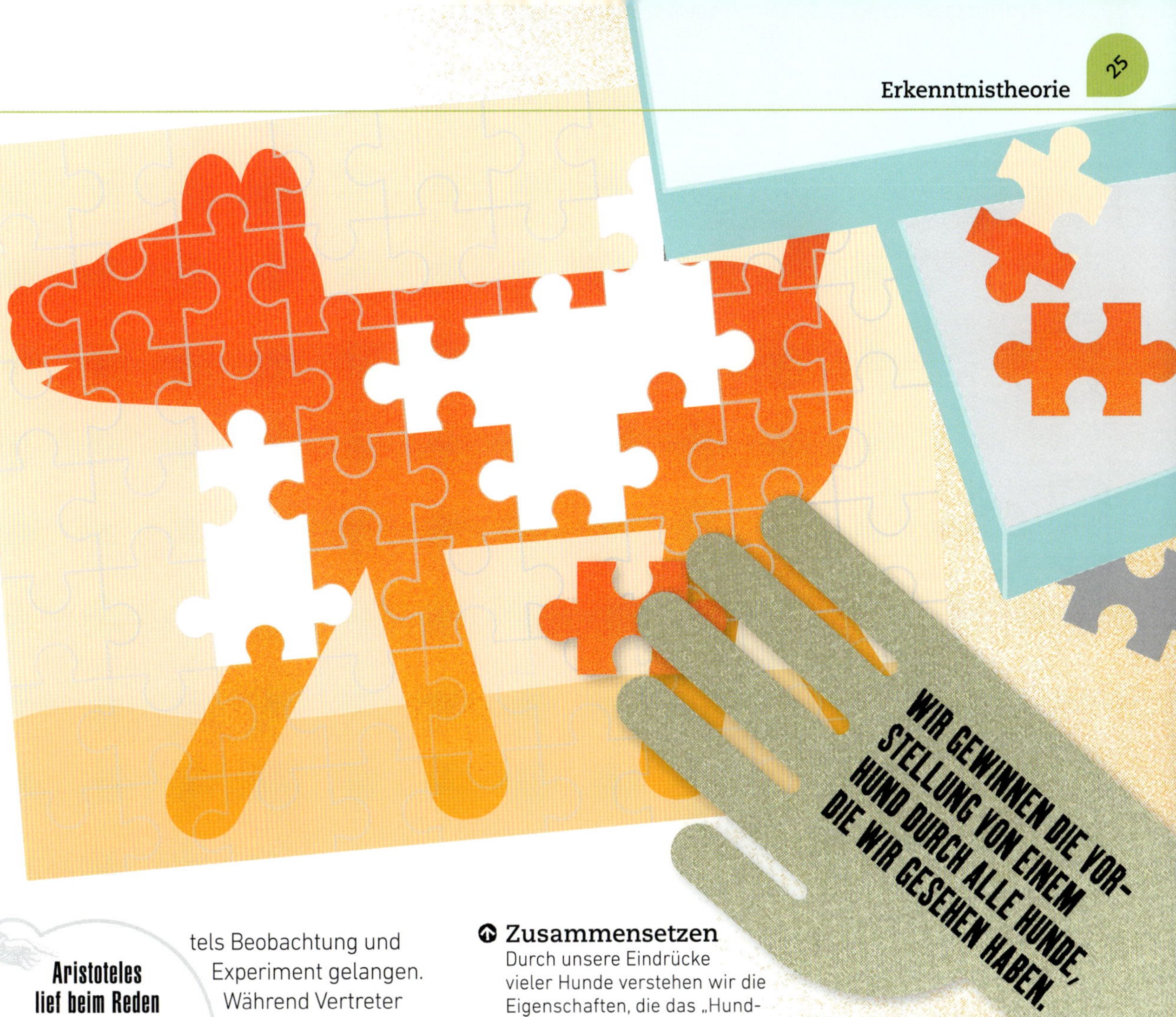

Aristoteles lief beim Reden gern hin und her – um etwas zu lernen, mussten seine Schüler ihm folgen.

tels Beobachtung und Experiment gelangen. Während Vertreter des Rationalismus wie René Descartes von der abstrakten Logik der Mathematik beeinflusst waren, lieferten für andere hauptsächlich Sinneserfahrungen naturwissenschaftliche Erkenntnisse. Diese als Empirismus bekannte Ansicht war unter britischen Philosophen wie John Locke verbreitet. Wie Aristoteles glaubte er, dass wir unwissend geboren werden und unser Wissen aus Sinneseindrücken erwerben. Aus diesen Eindrücken bilden wir eine allgemeine Weltsicht, indem wir einzelne Bestandteile zu komplexen Vorstellungen verknüpfen und unsere Fähigkeit entwickeln, Eindrücke verstandesmäßig zu verarbeiten.

Zusammensetzen

Durch unsere Eindrücke vieler Hunde verstehen wir die Eigenschaften, die das „Hundsein" ausmachen, wie das Fell. Diese „Form" ist allen Hunden gemein und lässt uns einen Hund erkennen, auch wenn wir nur einen Teil von ihm sehen.

NATURLIEBHABER

Aristoteles war ein eifriger Naturforscher, betrieb detaillierte Tierstudien und klassifizierte Tier- und Pflanzenarten. Er erstellte diese Kategorien auf Grundlage spezifischer Eigenschaften, etwa ob ein Tier fliegen oder schwimmen kann, Federn, Schuppen oder Fell hat. Die Gruppen fasste er in „Familien" zusammen, die an gemeinsamen Merkmalen erkennbar sind.

Siehe auch: 18–19, 20–21

Setze **nichts** als

Philosophen glauben nicht einfach, dass eine Aussage wahr ist, sondern fragen, ob es Gründe für die Annahme gibt, dass es sich so verhält. Zweifel ist ein nützliches Werkzeug der Philosophie und hilft dabei, herauszufinden, was gewiss ist und was nicht. Aber gibt es überhaupt etwas, dessen wir uns sicher sein können?

ZWEIFEL IST DER WEISHEIT ANFANG.

RENÉ DESCARTES

Wessen sind wir gewiss?

Seit Sokrates streiten sich die Philosophen, ob wir uns unseres Wissens gewiss sein können oder ob wir überhaupt etwas wissen können. Sokrates sprach uns die Möglichkeit der Erkenntnis zu. Aber um zu dieser Einsicht zu gelangen, ging er zunächst davon aus, unwissend zu sein. Dann versuchte er, im Streitgespräch mit anderen Erkenntnisse zu erlangen. Indem er alles hinterfragte, was seine Gesprächspartner zu wissen glaubten, konnte er die Widersprüchlichkeit ihrer Ansichten aufdecken. Eine spätere Gruppe griechischer Philosophen, die Skeptiker, behauptete, dass wir nichts wissen und uns nichts gewiss sein können. Doch nicht alle Philosophen vertreten diesen extremen Ansatz. Einige versuchen durch systematisches Hinterfragen Gewissheiten zu erlangen. Für sie ist Skepsis ein Mittel, um Ansichten auf ihren Wahrheitsgehalt zu prüfen. Obwohl einige Skeptiker darauf beharren, dass wir nichts mit Sicherheit wissen können, glauben andere, wir können einige Erkenntnisse gewinnen und andere nicht. Und eine gewisse Skepsis ist für jede philosophische Untersuchung vonnöten, bis sich ein überzeugendes Argument oder ein Beweis findet, dass etwas über jeden begründbaren Zweifel erhaben ist.

Sokrates' Frau Xanthippe soll die Einzige gewesen sein, die sich in Streitgesprächen ihm gegenüber behaupten konnte.

Ich bezweifle nicht, dass ich bin

René Descartes bediente sich des Zweifels, um eine solide Grundlage für seine Philosophie zu finden – etwas, das man nicht bezweifeln kann. Er entwarf ein Gedankenexperiment, eine skeptische Hypothese, bei dem ein böser Geist ihn derart täuschte, dass er seinen Sinneseindrücken nicht

gegeben voraus

mehr trauen konnte. Damit nahm er den Standpunkt eines ausgemachten Skeptikers ein und stellte den Wahrheitsgehalt von allem und jedem infrage. Doch dann erkannte er, dass er, um etwas bezweifeln zu können, überhaupt existieren muss. Die Tatsache seiner Existenz war das Erste, was Descartes nicht anzweifeln konnte – eine unbestreitbare Tatsache, auf der er seine Argumentation aufbauen konnte.

Nutze den Verstand

Ein Jahrhundert darauf verfolgte der schottische Philosoph David Hume einen ähnlich skeptischen Ansatz. Als Vertreter des Empirismus glaubte er, dass wir Erkenntnisse durch Sinneseindrücke gewinnen. Doch er wusste auch, dass die Sinne unvollkommen sind und uns täuschen können. Ebenso wenig können wir uns laut Hume auf unser logisches Denkvermögen verlassen, folglich wissen wir nichts mit Sicherheit. Denn unsere Überzeugung, dass die Sonne auch morgen wieder aufgeht, lässt sich nicht dadurch beweisen, dass es bisher immer so war. Aber Hume sah ein, dass wir zwangsläufig zu diesem Schluss kommen müssen. Er argumentierte, wir sollten „unseren Glauben nach den Beweisen bemessen", also etwas glauben, wenn es einen handfesten Beweis dafür gibt, und

> IN UNSEREN **FOLGERUNGEN** ÜBER **TATSACHEN** BESTEHEN **ALLE MÖGLICHEN GRADE** DES FÜRWAHRHALTENS. EIN **KLUGER MANN** BEMISST DAHER SEINEN **GLAUBEN** NACH DEN **BEWEISEN.**
>
> DAVID HUME

daran zweifeln, wenn sich keiner findet. So lassen sich Wunder schwerlich beweisen, daher ist die Behauptung, etwas habe sich allen Naturgesetzen zuwider ereignet, vermutlich nicht wahr. Wahrscheinlicher ist, dass unsere Sinne uns in die Irre führen oder aber die Person, die uns von dem Wunder berichtet.

INFINITER REGRESS

Wenn wir prüfen, ob eine Aussage wahr oder falsch ist, suchen wir nach einem stützenden Argument. Das Problem ist, dass jedes Argument, was dafür spricht, auf einer Aussage beruht, die ein Skeptiker ebenfalls hinterfragen könnte. Und um nun dieses Argument zu untermauern, müssen wir eine weitere Aussage treffen, die wieder angezweifelt werden kann. Diesen Prozess nennt man einen infiniten Regress.

Siehe auch: 14–15, 18–19

Glauben ist nicht dasselbe wie **Wissen**

Wir glauben, sehr viel zu wissen. Doch womöglich ist es nicht so einfach. So glauben wir vielleicht etwas, das sich als falsch herausstellt. Oder wir glauben etwas, das uns ein anderer erzählt, ohne es geprüft zu haben. Die Frage ist, wann wir etwas mit Gewissheit wissen.

Glauben oder Wissen?

Wir benutzen oft das Wort „glauben", wenn wir uns auf Religion beziehen: Religionsangehörige glauben an Gott oder Götter, sie glauben an das, was in ihrer heiligen Schrift steht. In der Philosophie untersuchen wir, ob das, was wir glauben, tatsächlich auch wahr ist. Die Philosophen sind sich einig, dass wir vieles für wahr halten – und viele unserer Ansichten womöglich auch wahr sind. Doch das heißt nicht, dass wir das wissen. Die Menschen behaupten oft einfach, etwas zu „wissen". Obwohl sie damit vielleicht Recht haben, spüren wir, dass sie es eigentlich nicht wissen, weil sie uns keinen guten Grund dafür nennen

➔ Der Schein trügt
Wenn du diese Straße entlangfährst, glaubst du aus gutem Grund, dass diese Häuser echt sind. Denn von vorn wirken sie so. Doch tatsächlich sind es Attrappen, und daher irrst du dich.

können. Andere können Gründe für ihre Auffassungen anführen, aber keine überzeugenden. Wieder kann man wohl sagen, dass sie es nicht wirklich wissen.

Gerechtfertigte Auffassung

Platon untersuchte als einer der ersten Philosophen, was Wissen und Glauben unterscheidet. Er definierte Wissen als „gerechtfertigte, wahre Meinung". Um etwas zu wissen, müssen wir es für wahr halten. Wir müssen einen guten Grund dafür haben, und es muss auch tatsächlich wahr sein. So glaube ich vielleicht aus gutem Grund an den Weihnachtsmann, weil ich die Geschenke gesehen habe, die er bringt. Doch wir können nicht sagen, dass ich weiß, dass es ihn gibt, denn tatsächlich stimmt das nicht – es ist keine gerechtfertigte Annahme. Vielleicht bin ich davon überzeugt, einmal im Lotto zu gewinnen, und womöglich trifft es ein, aber trotzdem kann ich meine Annahme nicht beweisen, und daher kann ich nicht sagen, dass ich es weiß. Wissen heißt, es muss wahr und gerechtfertigt sein.

WISSEN IST EINE GERECHTFERTIGTE, WAHRE MEINUNG.

PLATON

GLAUBEN ODER VERNUNFT?

Im Mittelalter gerieten christliche Philosophen in Konflikt, als sie ihren Glauben mit Argumenten griechischer Philosophen rechtfertigen wollten. In der östlichen Philosophie aber akzeptierte man religiöse Ansichten wie den ewigen Kreislauf des Lebens als Glaubensfrage und nicht als philosophisches Problem.

Das Gettier-Problem

Bis in die 1960er-Jahre übernahmen die meisten Philosophen Platons Definition von Wissen als gerechtfertigter, wahrer Meinung. Dann wies Edmund Gettier nach, dass sie nicht immer überzeugend ist. Er fand mehrere Beispiele, bei denen wir instinktiv erkennen, dass jemand etwas nicht wirklich weiß, obwohl seine Annahme wahr und gerechtfertigt ist. So will ich vielleicht meine Freundin Pia besuchen. Als ich zu ihrem Haus komme, sehe ich sie durchs Fenster in der Küche sitzen. Tatsächlich sehe ich aber nicht Pia, sondern ihre eineiige Zwillingsschwester. Pia ist in einem anderen Zimmer. Meine Überzeugung, dass Pia zu Hause ist, ist richtig, und ich habe guten Grund zu der Annahme, weil ich sie gesehen habe. Aber trotzdem wäre der Satz „Ich weiß, dass sie zu Hause ist" falsch, denn ich weiß es nicht. Solche Gedankenspiele nennt man Gettier-Problem. Es führte Philosophen zu der Frage, ob es neben „Überzeugung", „gerechtfertigt" und „wahr" ein viertes Wissenskriterium gibt. Gettier hatte nicht nur Platons Definition in Zweifel gezogen, sondern auch, ob es überhaupt möglich ist, Wissen vollständig zu definieren.

Viele Philosophen haben versucht, das Gettier-Problem zu lösen – und sind daran gescheitert.

IMMANUEL KANT

1724–1804

Immanuel Kant verbrachte sein Leben in der ostpreußischen Hafenstadt Königsberg (heute Kaliningrad, Russland). Er folgte festen Gewohnheiten, sodass die Stadtbewohner nach seinen täglichen Spaziergängen die Uhr stellten. Nach fast einem Jahrzehnt als Hauslehrer wurde er Privatdozent an der Universität Königsberg, bezahlt von seinen Studenten, später erhielt er eine Professur.

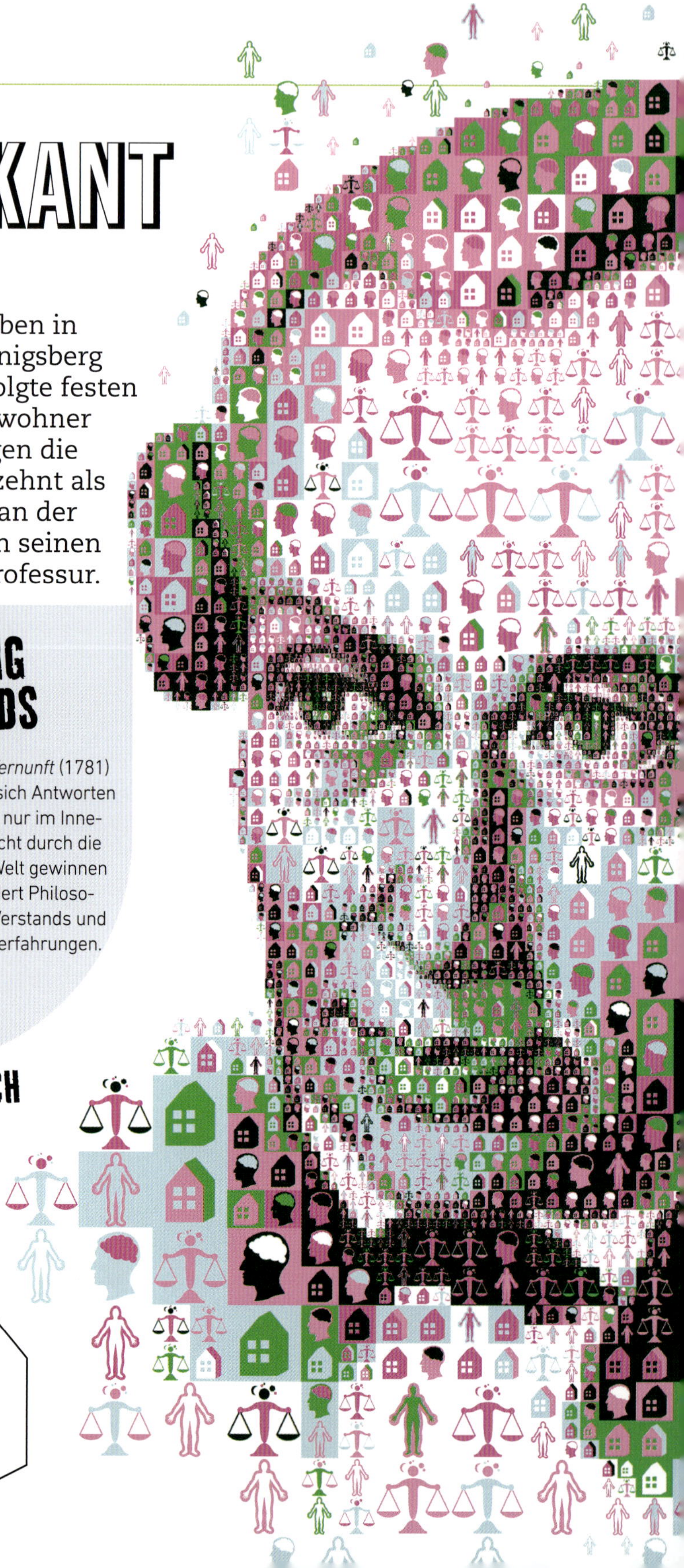

DIE BEDEUTUNG DES VERSTANDS

In seiner *Kritik der reinen Vernunft* (1781) argumentierte Kant, dass sich Antworten auf philosophische Fragen nur im Inneren durch den Verstand, nicht durch die Ergründung der äußeren Welt gewinnen lassen. Kant zufolge erfordert Philosophie nur die Nutzung des Verstands und ist unabhängig von Sinneserfahrungen.

UNSERE ERKENNTNIS SETZT SICH AUS ZWEI TEILEN ZUSAMMEN

Kant glaubte, Erkenntnisse lassen sich nur durch das Zusammenspiel von Anschauung (sinnliche Wahrnehmung) und Begriffen (Vorstellung von den wahrgenommenen Dingen) gewinnen. Ohne Begriffe sind die Anschauungen bedeutungslos: Wir erkennen ein Gebäude, auch wenn wir nur zwei Wände sehen, weil in unserem Verstand die Vorstellung von einem Gebäude existiert.

„Daher ist … die Moral nicht … die Lehre, wie wir uns glücklich machen, sondern wie wir der Glückseligkeit würdig werden sollen.“

DER KATEGORISCHE IMPERATIV

Innerhalb von zehn Jahren veröffentlichte Kant die zweite und dritte Kritik: *Kritik der praktischen Vernunft* (1788) und *Kritik der Urteilskraft* (1790). Er glaubte, dass sich mithilfe unseres Vernunftvermögens ein moralisches Prinzip entwickeln lässt. Handeln ist moralisch, wenn es nicht von persönlichen Bedürfnissen geleitet ist, sondern sich an verallgemeinerungsfähigen Gesetzen ausrichtet.

NOUMENA UND PHÄNOMENA

Kant glaubte, dass unser Verstand, unsere Wahrnehmung und Vorstellungskraft Grenzen haben. Er beschrieb zwei Welten: die der Phänomena (Erscheinung, also wie wir etwas wahrnehmen) und die der Noumena (Dinge an sich, unabhängig von unserer Wahrnehmung). Trotz unseres Denk- und Wahrnehmungsvermögens haben wir keinen Zugang zur Welt der Noumena, die sich unserer Erfahrung entzieht.

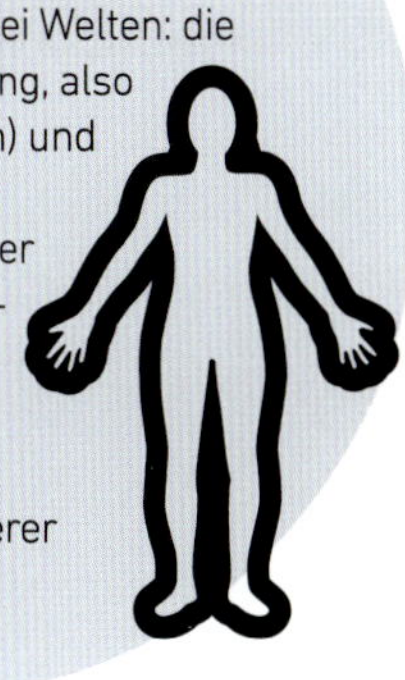

Kant entwickelte die These des Urnebels, wonach sich das Sonnensystem aus einer riesigen Gaswolke (Nebel) gebildet hat.

Man kann **nicht alles** wissen

Wir finden ständig Neues über das Universum heraus. Doch es scheint so, als ob es immer noch mehr zu entdecken gäbe. Vielleicht sind dem, was man wissen kann, keine Grenzen gesetzt. Einige Philosophen fragten sich, ob wir in der Lage sind, alles zu ergründen, oder ob es etwas gibt, das sich unserer Erkenntnisfähigkeit entzieht.

Die Grenzen der Erfahrung

Durch die Entwicklung der Wissenschaft nach dem Mittelalter schien es möglich, das Universum so lange ergründen zu können, bis wir alles darüber wissen – dass die einzige Grenze unserer Erkenntnis die Grenze dessen ist, was tatsächlich existiert. Doch in seinem *Versuch über den menschlichen Verstand* hinterfragte John Locke diese Vorstellung und bewies, dass sich einige Dinge unserer Erkenntnis entziehen. Als Vertreter des Empirismus glaubte er, dass unser Geist bei unserer Geburt ein „weißes Blatt Papier" ist: Wir sind unwissend und erwerben Wissen durch die Eindrücke unserer fünf Sinne.

Und weil wir Informationen über die Außenwelt nur durch unsere Sinne gewinnen können, könnten uns Teile der Wirklichkeit auf ewig verborgen bleiben. So kann ein Blinder zwar Blumen riechen, die Wärme der Sonne spüren und den Regen hören, aber nicht Mond und Sterne sehen und weiß daher nicht selbst von ihrer Existenz. Unsere Erkenntnis der Realität beschränkt sich auf das, was wir direkt wahrnehmen oder was wir aus unserer direkten Wahrnehmung schlussfolgern können (wie unbeobachtete Galaxien oder Elektronen). Doch die Wirklichkeit könnte noch viel umfassender sein, als das, was wir mit unseren Sinnen ergründen können.

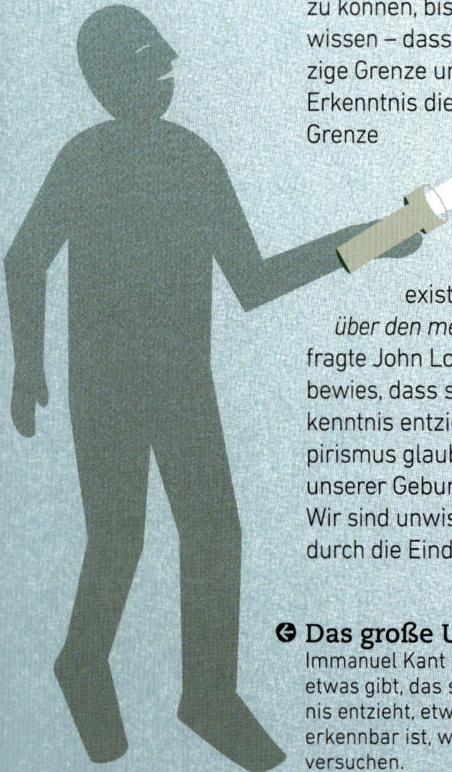

Das große Unbekannte
Immanuel Kant glaubte, dass es immer etwas gibt, das sich unserer Erkenntnis entzieht, etwas, das einfach nicht erkennbar ist, wie sehr wir es auch versuchen.

NIEMANDES WISSEN KANN HIER ÜBER SEINE ERFAHRUNG HINAUSGEHEN.
JOHN LOCKE

WERDEN TEILE DER WIRKLICHKEIT IMMER IM DUNKLEN BLEIBEN?

Immanuel Kant beschränkte seine Suche nach dem Unbekannten – in seinem ganzen Leben verließ er nie die Provinz, in der er geboren wurde.

Beschränkte Fähigkeiten

Auch Immanuel Kant befasste sich im 18. Jahrhundert mit der Vorstellung, dass unser Wissenserwerb Grenzen hat. Wie Locke erkannte er, dass unsere Fähigkeiten – unsere Sinne und unser Denkvermögen – nicht allumfassend sind und unser Erkenntnispotenzial beschränken. Zudem wies er nach, dass das, was wir durch die Sinne wahrnehmen, nicht zwangsläufig das ist, was tatsächlich existiert. Unser Geist liefert uns eine Erscheinung von etwas, wie eine Videokamera uns eine audiovisuelle Aufzeichnung einer Szene liefert – sie wirkt real, ist aber nicht die Realität und fängt sie nicht komplett ein. Und natürlich können die Sinne auch etwas hinzufügen, das eigentlich nicht da ist (etwa bei Illusionen).

Zwei Welten

Kant erklärte, dass es einen Unterschied gibt zwischen dem, wie die Dinge uns erscheinen, und dem, wie sie eigentlich sind (die „Dinge an sich"). Es ist, als ob beides in zwei verschiedenen Welten existiere: Die Welt, die wir mit unseren beschränkten Fähigkeiten erfahren und die er phänomenale Welt nannte; und die Welt der „Dinge an sich", die noumenale Welt, jenseits unserer Erfahrung. Was wir wahrnehmen, wissen und begreifen können, wird durch unsere Fähigkeiten begrenzt. Doch das heißt nicht, dass es darüber hinaus nichts gibt – wir haben einfach keine Möglichkeit, es wahrzunehmen. Unser Wissen beschränkt sich auf die Welt der Phänomena, die für uns erfahrbare Welt von Raum und Zeit. Die Welt der Noumena, der Dinge an sich, hingegen ist für uns nicht erkennbar. Die Wirklichkeit an sich entzieht sich unserer Erfahrung. Es gibt Dinge, die wir nie wissen werden, und wir können uns nicht einmal eine Vorstellung davon machen, welche das sein könnten, weil sie buchstäblich jenseits unseres Verständnisses liegen.

Siehe auch: 24–25

... WIEWOHL EBEN DARIN PHILOSOPHIE BESTEHT, SEINE GRENZEN ZU KENNEN.

IMMANUEL KANT

BEKANNT UND UNBEKANNT

Der US-Politiker Donald Rumsfeld bezog sich auf die Grenzen unseres Wissens, als er sagte: „Es gibt bekanntes Wissen; das sind Dinge, von denen wir wissen, dass wir sie wissen. Es gibt bekanntes Nichtwissen; das sind Dinge, von denen wir wissen, dass wir sie nicht wissen. Aber es gibt auch unbekanntes Nichtwissen; das sind Dinge, von denen wir nicht wissen, dass wir sie nicht wissen."

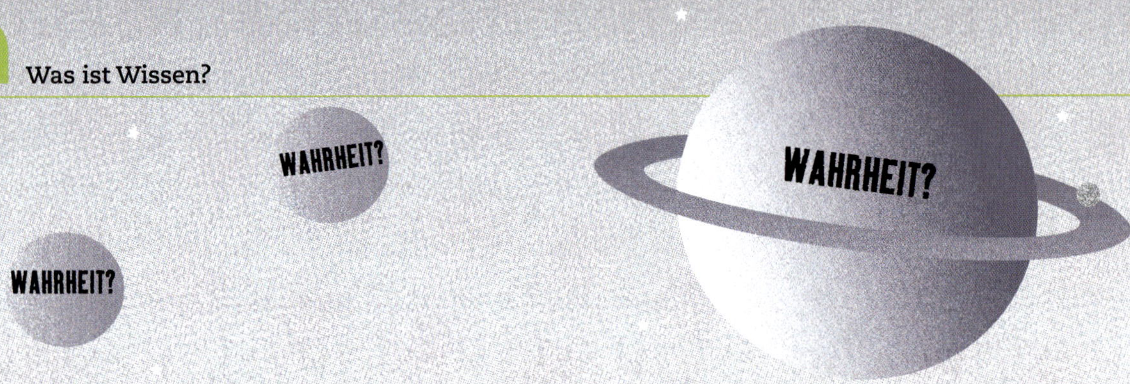

Werden wir je die **Wahrheit** kennen?

Philosophie kann als Suche nach Wahrheit verstanden werden. Doch die Philosophen diskutieren auch darüber, wie viele unserer Überzeugungen, die wir für wahr halten, wirklich mit den Tatsachen übereinstimmen. Manche glauben, dass wir das nie genau wissen werden, aber dass wir einiges als Fakten anerkennen können.

Siehe auch: 32–33, 44–45

Begründete Erklärungen

Die philosophische Forschung ist von Wissensdurst getrieben, der nicht gestillt ist, bevor wir eine Antwort finden, die wir für wahr halten. Die Philosophen diskutieren darüber, ob wir überhaupt wissen können, ob etwas tatsächlich wahr ist. Doch Ende des 19. Jahrhunderts fragte der Philosoph Charles Sanders Peirce, ob das eigentlich wichtig ist. Er glaubte, ein Großteil der philosophischen Untersuchung könne nie zufriedenstellend klären, was wahr sei und was nicht, und das spiele auch keine Rolle. Meistens genügt uns einfach eine begründete Erklärung. Wenn unsere Überzeugung praktikabel ist, dann ist es egal, ob sie den Tatsachen entspricht. Wichtig ist nur, was aus unserer Überzeugung folgt. Wissen, argumentierte er, bestehe eher aus einer Sammlung begründeter Erklärungen als aus gesicherten Fakten. Peirces Wahrheitsbegriff bildete die Grundlage einer als Pragmatismus bekannten philosophischen Strömung. Ihre Vertreter glauben, Zweck der Philosophie sei nicht, ein wahres Bild von der Welt zu zeichnen, sondern uns dabei zu helfen, uns in ihr zurecht zu finden.

> **WAHRHEIT IST FÜR DIE VORSTELLUNG EIN VORKOMMNIS. DIE VORSTELLUNG WIRD WAHR, WIRD DURCH EREIGNISSE WAHR GEMACHT.**
>
> WILLIAM JAMES

Wahr – oder nützlich?

Peirces Ansicht, dass unsere Wahrheiten eine Sammlung begründeter Erklärungen sind, wich radikal von der vorherrschenden Vorstellung ab, Wahrheit bestehe aus unverrückbaren Tatsachen. Laut Peirce können wir Erklärungen, die wir für wahr halten, ersetzen, wenn sich eine bessere Erklärung findet. Diese Vorstellung über-

WAHRHEIT?

WAHRHEIT?

Glaube an die Wahrheit
Das Universum ändert sich nicht, aber unsere Erkenntnisse darüber.
Die Pragmatiker denken, wenn eine Überzeugung uns hilft, uns in der Welt zurechtzufinden, dann ist es egal, ob sie wahr ist oder nicht.

DIE WAHRHEIT IST IRGENDWO DA DRAUSSEN – ABER WIR MÜSSEN NACH IHR SUCHEN.

Einige Philosophen verspotteten den Pragmatismus und warfen ihm vor, die Wahrheitssuche aufgegeben zu haben.

nahm der US-amerikanische Philosoph William James. James glaubte, dass etwas wahr ist, solange es für uns nützlich ist. Sobald es seinen Nutzen verliert, ist es auch nicht mehr wahr. So glaubte man lange Zeit, die Erde befinde sich im Mittelpunkt des Kosmos. Doch als Astronomen die Umlaufbahnen der Planeten beobachteten, war diese Sicht auf den Kosmos nicht länger zufriedenstellend. Eine neue Erklärung, nämlich dass die Sonne im Zentrum des Universums steht, wurde anerkannte „Wahrheit". Der Kosmos hatte sich nicht verändert, nur unsere Erkenntnisse darüber: Diese Erkenntnisse unterscheiden sich von Fakten, und wir müssen gar nicht wissen, ob unsere Erkenntnisse mit den Tatsachen übereinstimmen. Wir müssen nur wissen, ob sie für uns brauchbar sind. Die Nützlichkeit unserer Ansichten und wie sie unser Handeln bestimmen, sagte James, machen sie wahr.

Praktische Philosophie

Der Zusammenhang zwischen Wahrheit und Nützlichkeit ist eine zentrale These des Pragmatismus. Peirce betonte, dass wir Erkenntnisse nicht durch Beobachten und Denken, sondern durch unser Handeln gewinnen – indem wir prüfen, ob unserer Erkenntnisse praktikabel sind und was aus ihnen folgt. Spätere Philosophen, vor allem John Dewey, wandten diesen Aspekt des Pragmatismus auf praktische Alltagsprobleme an, besonders in Politik und Bildung. Dewey gab praxisbezogenem Lernen den Vorzug vor Lernen durch Wiederholung, denn so können wir zu eigenen Schlüssen gelangen und übernehmen nicht einfach bestehende Erkenntnisse. Der Pragmatismus gewann Anfang des 20. Jahrhunderts in der Philosophie an Einfluss, besonders in den USA. Dort wandte man sich von der abstrakten europäischen Philosophie ab und verfolgte einen praktischen Ansatz, getreu Deweys Frage, die den Erfolg einer Philosophie bewertet – macht sie uns die Welt verständlicher?

DER WALDWEG

Die Lehre des Pragmatismus erläuterte William James am Beispiel eines Mannes, der sich im Wald verirrt. Müde und hungrig stößt er auf einen Weg. Er kann daran glauben, dass der Weg aus dem Wald zu Nahrung und Unterkunft führt, und ihm folgen. Oder er glaubt, er führe nirgendwohin, bleibt im Wald und verhungert. Das, wofür er sich entscheidet, wird wahr werden.

WIR LÖSEN PHILOSOPHISCHE PROBLEME NICHT, WIR ÜBERWINDEN SIE.
JOHN DEWEY

Philosophie und Wissen
IN DER PRAXIS

NATÜRLICHE ORDNUNG

Aristoteles' Überzeugung, dass wir Wissen durch Erfahrung gewinnen, brachte ihn dazu, die Natur genau zu erforschen und seine Erkenntnisse zu klassifizieren. Das bildete die Grundlage der modernen Taxonomie, die Organismen in Gruppen wie Klasse, Ordnung, Familie, Gattung und Art einteilt.

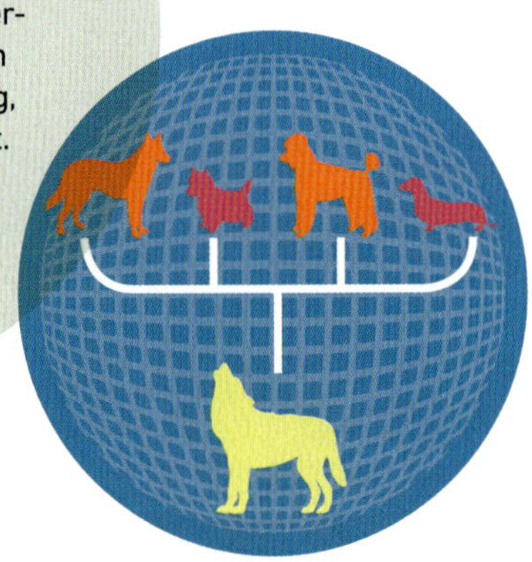

LEBEN UND LERNEN

Philosophische Thesen darüber, ob wir Wissen durch logisches Denken oder Sinneseindrücke gewinnen, haben die Entwicklung der Lerntheorie in der Psychologie beeinflusst. Diese bildet wiederum die Grundlage moderner Bildungskonzepte, besonders der Ablösung des Lernens durch Wiederholung durch praxisbezogene Lehrmethoden.

BEDEUTUNG ENTSCHLÜSSELN

Das Zusammenspiel zwischen unserem Geist und unseren Sinnen ist das Hauptforschungsfeld der Kognitionspsychologie. Sie hilft uns zu verstehen, wie unser Geist unsere Wahrnehmungen entschlüsselt und dass unsere Sinne in die Irre geführt werden können, etwa durch optische Täuschungen.

ANLAGE ODER **UMWELT**

Die Vererbungslehre hat die These aufgeworfen, dass unser Verhalten zu einem größeren Teil auf unseren Erbanlagen beruht als angenommen, und damit die Anlage-Umwelt-Debatte neu belebt. Zudem vermutet man, dass uns einige Fähigkeiten, wie die des Spracherwerbs und Sprachgebrauchs, angeboren sind.

DIE GANZE **WAHRHEIT**

Die Frage nach Wissen, Überzeugung und Tatsache ist besonders bei Rechtsstreitigkeiten relevant. Ein Zeuge schwört, die Wahrheit zu sagen, aber sagt tatsächlich das, was er oder sie für die Wahrheit hält. Das Gericht muss entscheiden, ob eine Zeugenaussage in gutem Glauben gemacht wurde und ob sie zuverlässig ist.

Die Erkenntnistheorie ist der Philosophiezweig, der sich mit Wissen befasst. Sie steht ganz offensichtlich in Verbindung mit Psychologie und der Untersuchung, wie wir unsere Welt wahrnehmen und begreifen. Zudem hilft sie uns, zwischen Überzeugungen und Tatsachen zu unterscheiden.

DIE RICHTIGE **POLITIK**

Bei Wahlen kann man die Politik der einzelnen Kandidaten danach beurteilen, ob sie auf Erfahrungen und rationalen Argumenten oder einfach nur auf einer Ideologie und eingefleischten Überzeugungen beruht. So können wir eine gut überlegte Wahl treffen.

Was ist **Realität**?

Die Metaphysik entstand aus einer der ersten Fragen, die Philosophen sich stellten: Woraus besteht das Universum? Dieser Zweig der Philosophie widmet sich dem Sein – was existiert wirklich und wie ist dessen natürliche Beschaffenheit? Was macht das Seiende aus? Und besteht die Realität aus Materie oder aus immateriellen Ideen oder aus einer Kombination von beidem?

Woraus besteht das UNIVERSUM?

Hat das Universum eine STRUKTUR?

Was ist REAL?

Ist die Welt, die wir kennen, eine ILLUSION?

Woher weißt du, dass etwas EXISTIERT?

Gibt es GOTT?

Die WISSENSCHAFT weiß nicht alles

Was ist ZEIT?

Was ist der Sinn meines LEBENS?

Woraus besteht das **Universum?**

Als die frühen Philosophen ihre Umwelt erkundeten, stellten sie fest, dass die Dinge, die sie umgaben, aus etwas gemacht sein mussten. Ihre erste Frage, „Woraus besteht die Welt?", war der Beginn eines bedeutenden Philosophiezweigs – der Metaphysik. Sie beschäftigt sich mit dem, was existiert, und mit der Beschaffenheit seines Seins.

Der Urstoff des Kosmos

Milet, eine antike Küstenstadt in der heutigen Türkei, war die Heimat der ältesten uns bekannten Philosophen. Der erste von ihnen, Thales, war auch Astronom und Ingenieur. Ihn beschäftigte die Frage nach dem Urstoff des Universums. Angesichts der Vielfalt der Dinge, die es in der Welt gibt, stellte er eine überraschende Theorie auf: Er meinte, alles lasse sich auf eine Substanz zurückführen, und diese, so glaubte er, sei Wasser. Er argumentierte, dass ohne Wasser kein Leben möglich ist, dass das Land aus dem Meer hervorgegangen ist und dass es Wasser in flüssiger, gasförmiger und fester Form gibt. Daher muss alles, was es gibt, irgendwann einmal aus Wasser bestanden haben. Thales gab seine Lehren an andere Denker weiter, wie Anaximander. Der befand, dass, wenn die Erde auf dem Wasser schwimmt, das Wasser von etwas anderem gestützt werden muss. Nachfolgende Philosophen kamen zu anderen Schlüssen, wie beispielsweise Anaximenes. Er mutmaßte, dass die Erde von Luft getragen wird und Luft daher die einzige Substanz im Kosmos ist.

ALLES IST WASSER.

THALES VON MILET

NACHHALTIGE IDEEN

Die altgriechischen Philosophen hatten einen nachhaltigen Einfluss. Aus Empedokles' Lehre der vier Grundelemente entstand die moderne Chemie, die den Begriff „Element" verwendet. In der modernen Physik findet sich die Teilchentheorie des Atomismus. Selbst die Lehre vom Urstoff wurde von der Physik durch die Vorstellung, dass alle Materie aus Energie besteht, wiederaufgenommen.

Etwas und nichts

Der Monismus, also die Ansicht, dass der Kosmos im Prinzip aus einem Urstoff besteht, dominierte die frühe Philosophie. Gleichzeitig entstand die Vorstellung, dass der Kosmos im Wesentlichen unveränderlich ist.

Eins, vier oder viele?
Frühe Philosophen befanden, dass der Kosmos aus Wasser, aus vier Elementen oder aus winzigen Atomen besteht. Einige dieser Ideen sind heute noch Gegenstand von Diskussionen.

Parmenides wies dies durch schlussfolgerndes Denken nach. Wenn etwas ist, befand er, kann es nicht gleichzeitig nicht sein. Daher gibt es den Zustand des Nichtseins nicht – es gibt kein „Nichts". Also kann etwas, das ist, nicht aus nichts entstanden sein. Es muss schon immer existiert haben und wird immer existieren, denn es kann auch nicht zu nichts werden. Und weil es kein „Nichts" gibt, muss der Kosmos mit etwas gefüllt sein. Dieses „Etwas" ist eine einzige Substanz, die unveränderlich und ewig ist.

Elemente und Atome

Parmenides lieferte ein interessantes Argument dafür, dass der Kosmos im Wesentlichen unveränderlich ist. Andere hingegen widersprachen. Einer davon war Empedokles. Für ihn konnte Parmenides' Theorie weder die Vielfalt der Dinge erklären, die wir in der Welt sehen, noch warum es uns so erscheint, als ob sich die Welt permanent verändere. Er behauptete, dass es vier Urstoffe statt einer einzigen Substanz gibt, die er Elemente nannte: Feuer, Wasser, Erde und Luft. Obwohl diese selbst unveränderlich sind, ergeben sie in verschiedenen, sich kontinuierlich verändernden Zusammensetzungen alles Seiende der Welt. Einer weiteren, als Atomismus bekannten Theorie von Demokrit und Leukipp zufolge setzt sich alles aus winzigen, unveränderlichen und unteilbaren Teilchen zusammen, den Atomen. Diese können sich frei in einem leeren Raum bewegen und sich miteinander verbinden. Daraus entstehen die verschiedenen Substanzen, die es in unserer Welt gibt. Wenn diese Substanzen absterben und zerfallen, verbinden sich die frei gewordenen Atome zu neuen Formen.

Thales sagte eine Sonnenfinsternis richtig voraus. Wir wissen immer noch nicht, wie er das gemacht hat.

Siehe auch: 42–43, 66–67

DIE WAHRHAFTEN PRINZIPIEN SIND DIE ATOME UND DAS LEERE; ALLES ANDERE IST MEINUNG.

DEMOKRIT

ARISTOTELES' VIER URSACHEN

➔ Materialursache
Alles besteht aus etwas. Ein Material, aus dem wir Dinge wie Möbel fertigen, ist Holz. Holz gewinnen wir aus Bäumen.

➔ Formursache
Alles ist auf eine bestimmte Weise gestaltet – es muss eine Form haben. Der Bauplan zeigt, wie man aus Holz einen Stuhl fertigt.

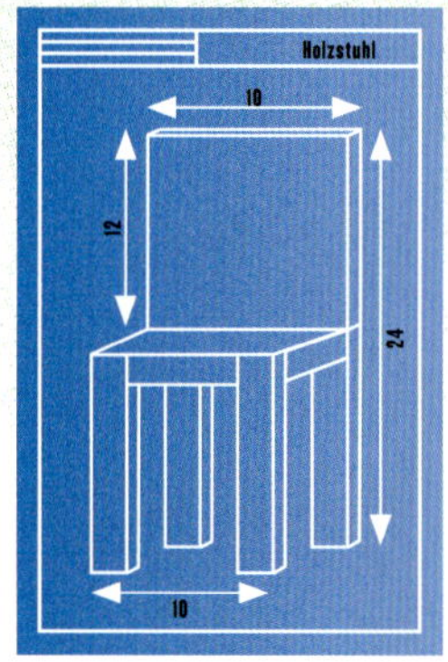

Hat das Universum

Wir leben in einer komplexen, sich ständig wandelnden Welt. Frühe Philosophen wollten sie verstehen, indem sie fragten, woraus alles Seiende besteht. Und sie wollten wissen, ob der Kosmos so chaotisch ist, wie er scheint. Könnte ihm und allem darinnen eine Struktur zugrundeliegen? Wenn ja, was verursacht sie und welcher Bestimmung folgt sie?

Die Mathematik herrscht!

Schon die ersten Philosophen vermuteten, dass der komplexen Welt eine erkennbare Struktur zugrundeliegt. Thales und seine Schüler stellten verschiedene Modelle der ihnen bekannten Welt auf – als Land, das auf einem unendlichen Meer schwimmt, oder als trommelförmige oder flache Scheibe, die in der Luft schwebt. Spätere Erklärungen weiteten sich auf den ganzen Kosmos aus. Man hatte Muster in den Bewegungen von Sonne, Mond, Planeten und Sternen erkannt. Der Philosoph Pythagoras fand eine neue Erklärung. Durch sein mathematisches Interesse kam er zu dem Schluss, dass geometrische Formen mathematischen Regeln folgen, und argumentierte, dass sich die Formen der Himmelskörper ebenso verhalten. Zudem fand er heraus, dass Töne, die miteinander harmonieren, bestimmten Zahlenverhältnissen entsprechen (siehe Kasten links). Pythagoras schlussfolgerte, dass alles im Universum, auch die Position und Bewegung der Himmelskörper, den Regeln der Mathematik unterliegt und dass sich die Struktur des Universums durch mathematische Begriffe erklären lässt.

DER MENSCH IST EIN KOSMOS IM KLEINEN.

DEMOKRIT

HIMMLISCHE HARMONIE

Pythagoras experimentierte mit schwingenden Saiten verschiedener Längen. Er entdeckte ein mathematisches Verhältnis zwischen den Tönen einer Tonleiter. Er mutmaßte, dass die Entfernung von Himmelskörpern zur Erde den Längen der Saiten entsprach, die harmonisch zusammenklingen und die eine von ihm so bezeichnete „Sphärenharmonie“ im Raum entstehen lassen.

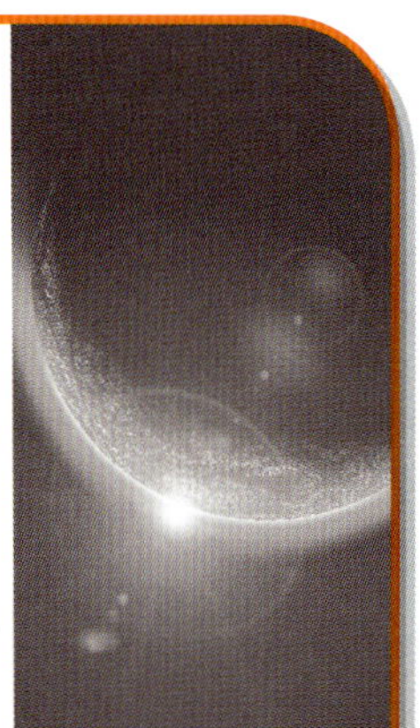

Wirkursache
Damit etwas sich ändert, ist eine äußere Einwirkung oder ein Ereignis erforderlich. Der Tischler bearbeitet das Holz nach den Vorgaben des Bauplans.

Zweckursache
Alles wird aus einem Grund geschaffen – seinem letztendlichen Zweck oder Nutzen. Der Stuhl dient uns als Sitzgelegenheit.

eine **Struktur?**

Atomtheorien

Während Pythagoras durch Mathematik und Astronomie die Struktur ergründete, suchten andere im Kleinen. Empedokles wollte die Struktur alles Seienden anhand der Art erforschen, wie sich einzelne Stoffe aus verschiedenen Kombinationen von Feuer, Wasser, Erde und Luft zusammensetzen. Demokrit und Leukipp beschrieben ein Universum, das aus einer unendlichen Anzahl verschieden gearteter und geformter Teilchen besteht. Alles im Universum, ob belebt oder unbelebt, ist aus diesen Atomen gemacht. Die Struktur von allem Seienden wird von deren natürlicher Tendenz, sich miteinander zu verbinden, bestimmt. Im Gegensatz zu ihren Zeitgenossen glaubten die Vertreter des Atomismus, dass die Atome ewig und unveränderlich sind und daher sie und die aus ihnen gebildeten Strukturen durch nichts verursacht werden und keiner Bestimmung folgen.

Vier Ursachen

Viele Philosophen beließen es nicht bei der Feststellung, dass der Kosmos eine Struktur hat. Sie wollten erklären, wie und warum sie entstand. Aristoteles beschäftigte sich mit den von ihm benannten „Ursachen" der Dinge. Sein Gebrauch des Wortes „Ursache" unterscheidet sich etwas von der heutigen Bedeutung. Seine sogenannte „Materialursache" von etwas ist das Material, aus dem es besteht. Die „Formursache" ist die Art, wie etwas gebaut ist, seine Form oder Struktur, die Aristoteles zufolge natürlichen Prinzipien und Gesetzen folgt. Die „Wirkursache" kommt unserer Bedeutung von „Ursache" am nächsten: Etwas bewirkt eine Veränderung, lässt etwas entstehen oder von einem Zustand in einen anderen übergehen. Die „Zweckursache" von etwas ist laut Aristoteles der Grund, warum etwas entsteht und wozu es dient – sein Zweck. Damit etwas entsteht, argumentierte er, müssen alle vier Ursachen zusammentreffen.

Vor den Philosophen brachte man die Bewegung von Sonne, Mond, Planeten und Sternen mit Göttern in Zusammenhang.

Siehe auch: 40–41

DIE ZAHL IST DAS WESEN ALLER DINGE.

PYTHAGORAS

Was ist **real?**

Wenn wir über das sprechen, was existiert, denken wir normalerweise zuerst an physische Gegenstände aus Materie. Doch es gibt offensichtlich auch immaterielle Dinge wie Ideen, Gedanken und Erinnerungen. Wir können sie nicht sehen oder berühren, aber das heißt nicht, dass sie nicht real sind. Was also ist real?

> **EINE GEISTIGE WELT ODER EIN UNIVERSUM VON VORSTELLUNGEN VERLANGT SO GUT EINE URSACHE, ALS EINE MATERIELLE WELT ODER EIN UNIVERSUM VON DINGEN.**
>
> DAVID HUME

Materielle Welt

Die naheliegende Antwort auf die Frage, was real ist, lautet: Dinge aus Materie, die wir sehen und berühren können. Für manche Philosophen besteht die Welt nur aus Dingen, die wir mit unseren Sinnen wahrnehmen. Die Materialisten glauben nicht an die Existenz einer immateriellen Welt – es gibt nichts, das nicht aus Materie besteht. Unter den Ersten, die diese Ansicht vertraten, waren Demokrit und Leukipp. Sie argumentierten, dass die Wirklichkeit nur aus Atomen und leerem Raum besteht. Epikur führte ihre Theorie fort und wollte beweisen, dass etwas Immaterielles, wie die Seele, nicht existiert. Doch erst später wurde der Materialismus zu einer breiten philosophischen Strömung, als hauptsächlich die Wissenschaft anstelle der Religion Erkenntnisse über die Beschaffenheit der Welt lieferte. Die zunehmend materialistische Sichtweise wurde im 19. Jahrhundert von den deutschen Philosophen Ludwig Feuerbach und Karl Marx aufgegriffen. Sie lehnten die traditionelle religiöse Vorstellung von geistigen Welten offen ab.

Geistige Welt

Der extremste Gegensatz zum Materialismus ist die Überzeugung, die Realität sei im Grunde genommen immateriell – nichts Materielles existiert wirklich. George Berkeley war der überzeugteste Vertreter dieser als Idealismus bezeichneten Ansicht. Ihm zufolge sind das, was wir wahrnehmen, nicht materielle Dinge in einer physischen Welt, sondern Vorstellungen davon in unserem Geist. Daher besteht die Wirklichkeit nur aus Vorstellungen und dem Geist, der sie hat, und es gibt keine materielle Substanz. Damit etwas existiert, muss es wahrgenommen werden. Aber wenn etwas nur existiert, wenn es wahrgenommen wird, hört es dann auf zu existieren, sobald es nicht mehr wahrgenommen wird? Wenn etwa in

Siehe auch: 18–19, 20–21

einem Park ein Baum wächst und niemand da ist, der ihn sieht, ist er dann immer noch da? Berkeley war auch Theologe und sagte, ja, der Baum sei immer noch da, alle Dinge seien vorhanden, denn sie würden ja ständig von Gott wahrgenommen.

Umfassende Wirklichkeit

Doch die meisten Philosophen erkennen sowohl die Existenz einer materiellen als auch einer immateriellen Welt an. Platons Theorie, unsere Welt sei nur das Abbild einer eigentlichen Welt der Ideen, wurde von christlichen und islamischen Philosophen übernommen. Und alle großen Religionen stellen der irdischen Welt eine geistige gegenüber. Auch René Descartes sagte, die Wirklichkeit bestehe aus zwei Welten, einer Objekt- und einer Gedankenwelt. Selbst Hume stritt die Existenz des Immateriellen nicht ab. Von Immanuel Kant stammt die vielleicht einflussreichste Beschreibung der Realität: Ihm zufolge können wir mit unseren Sinnen und unserem Geist sowohl Materielles als auch Immaterielles wahrnehmen. Aber das ist nur ein Teil der Realität – es gibt Dinge, die sich unserer Erfahrung entziehen.

In der Umgangssprache ist ein Materialist ein Mensch, der materiellem Besitz den Vorzug vor ideellen Werten gibt.

DAS EINZIGE, DESSEN EXISTENZ WIR IN ABREDE STELLEN, IST DAS, WAS DIE PHILOSOPHEN MATERIE ODER KÖRPERLICHE SUBSTANZ NENNEN.

GEORGE BERKELEY

JOHNSONS BEWEIS

Die meisten Menschen spüren instinktiv, dass George Berkeleys Theorie, es gebe keine materielle Welt, nicht stimmen kann. Doch gegen seine Argumentationsführung lässt sich kaum etwas anbringen. Der englische Schriftsteller Samuel Johnson hatte eine einfach Antwort auf Berkeleys Thesen: Er stieß einen Stein mit dem Fuß beiseite und sagte: „Ich widerlege das so!“

Geistige Welt
Sie enthält Vorstellungen, die wir mit unserem Geist wahrnehmen. Nichts in dieser Welt besteht aus Materie.

Ist die Welt, die wir kennen, eine **Illusion**?

Seit den Philosophen der griechischen Antike ist klar, dass unser Wissen über die Welt bestenfalls unvollständig ist und wir uns oft irren. Durch Sinneseindrücke und unser Denkvermögen machen wir uns ein Bild von dem, was in der Welt ist. Doch die Philosophen diskutieren darüber, wie sehr unsere Vorstellung der Realität nahekommt.

John Locke verließ England für fünf Jahre, weil seine Ideen unvereinbar waren mit den Ansichten des Königs.

Siehe auch: 16–17, 20–21, 24–25

Falsche Vorstellungen

Viele Philosophen argumentierten, dass uns unsere Sinneseindrücke – also das, was wir sehen, hören, riechen, schmecken und fühlen – eine falsche Vorstellung von der Realität vermitteln. Platon erklärte das damit, dass unsere Welt eigentlich ein trügerisches Abbild einer vollkommenen, sinnlich nicht wahrnehmbaren Welt ist, einer immateriellen, geistig wahrnehmbaren Welt der Ideen. Die Vorstellung von zwei verschieden wahrnehmbaren Welten steht auch im Mittelpunkt von René Descartes' rationalistischer Philosophie. Anders als Platon hielt er die materielle Welt jedoch nicht für den „Schatten" einer vollkommenen Welt. Nicht die Welt ist unvollkommen, sondern unsere Sinne, die sich täuschen lassen und uns keine zuverlässige Vorstellung von der Welt um uns liefern. Zuverlässiger ist unser Denkvermögen, mithilfe dessen wir die Geisteswelt erfahren und eine bessere Vorstellung von der tatsächlichen Beschaffenheit der Körperwelt erhalten können.

ES GIBT ZWEI WELTEN: DIE WELT, WIE SIE UNS ERSCHEINT, UND DIE WELT DER DINGE AN SICH.

IMMANUEL KANT

Die Qualitäten eines Objekts

Andere hingegen glaubten nicht an die Existenz einer geistigen, immateriellen Welt. Für die Vertreter des Empirismus besteht die Realität nur aus der materiellen, sinnlich wahrnehmbaren Welt, in der wir leben. Mithilfe unseres Verstands deuten wir unsere Sinneseindrücke, und das liefert uns die Vorstellung, die wir von der Welt haben. Einer dieser Empiriker war John Locke. Er behauptete, dass wir die materielle Welt auf zwei Arten wahrnehmen. Die von uns wahrgenommenen Dinge, sagte er,

Zwei Welten, ein Geist
Für Arthur Schopenhauer bestand die Realität aus einem universalen Willen, von dem unser Wille ein Teil ist, und materiellen, sinnlich wahrnehmbaren Dingen.

haben verschiedene Qualitäten. Die „primären Qualitäten" eines Objekts, wie er es nannte, sind seine objektiv messbaren Eigenschaften wie Größe, Gewicht, Lage und Bewegung – Eigenschaften, die unabhängig vom Beobachter sind. Daneben haben Objekte auch „sekundäre Qualitäten", die sich von Beobachter zu Beobachter unterscheiden und die subjektiv sind, so etwa Geschmack, Geruch und Farbe. Wir nehmen die primären Qualitäten exakt wahr, doch unsere Wahrnehmung der sekundären Qualitäten weicht von der eigentlichen Beschaffenheit des Objekts ab.

> **DENEN, IN WELCHEN DER WILLE SICH GEWENDET UND VERNEINT HAT, [IST] DIESE UNSERE SO SEHR REALE WELT MIT ALLEN IHREN SONNEN UND MILCHSTRASSEN – NICHTS.**
>
> ARTHUR SCHOPENHAUER

Wo ein Wille ist …

Immanuel Kants Thesen verbanden das Ideengut des Rationalismus und Empirismus. Er widersprach der Vorstellung von zwei getrennten, entweder sinnlich oder geistig wahrnehmbaren Welten. Er glaubte, dass wir ein natürliches Wissen über die Eigenschaften der Dinge in Raum und Zeit haben und mithilfe dessen unsere Sinneserfahrungen deuten. Für ihn gab es eine zweite Welt, die der Dinge an sich, die sich unserer Erfahrung entzieht. Auch Arthur Schopenhauer glaubte, dass die Realität aus einer erkennbaren und einer unerkennbaren Welt besteht. Er dachte, dass wir unseren Körper als einen Gegenstand der Welt wahrnehmen, aber uns auch des Antriebs bewusst sind, der diesen Körper zu Handlungen bewegt – unser Wille, der zu den Dingen an sich gehört. Er schlussfolgerte, dass die Realität aus einer materiellen Welt besteht, die er Welt als Vorstellung nannte, und einer zugrundeliegenden elementaren Kraft, der Welt als Wille. Diese Welt können wir nicht direkt wahrnehmen, aber wir sind uns unseres eigenen Willens bewusst, der Teil eines universalen, allem innewohnenden Willens ist.

OST TRIFFT WEST

Arthur Schopenhauers Vorstellung, unser Wille sei Teil eines universalen Willens, hat Anklänge an die indische Philosophie. Dem Hinduismus und Buddhismus zufolge ist unsere wahrnehmbare Welt eine Illusion und verstellt uns den Blick auf die unendliche, universale Welt, der alles angehört. Nur durch Erleuchtung können wir den Kreislauf der Wiedergeburt durchbrechen und die universale Welt wahrnehmen, in der alles eins ist.

PLATON

um 427–347 v. Chr.

Platon wurde im griechischen Stadtstaat Athen geboren. Über seine Anfänge wissen wir wenig. Er soll Unterricht in Dichtung und Musik erhalten, als Ringkämpfer an den Isthmischen Spielen in Korinth teilgenommen und im Heer Athens gedient haben. Als Sohn einer einflussreichen Familie war er wohl für die Politikerlaufbahn bestimmt, bevor er Schüler von Sokrates wurde.

SOKRATES' ERBE

Platon war von seinem Lehrer stark beeinflusst. Nach dessen Tod im Jahr 399 v. Chr. verließ Platon Athen und bereiste Italien, Ägypten und Libyen. Als er begann, eigene philosophische Schriften zu verfassen, bezog er sich nie direkt auf sich selbst. Stattdessen schrieb er Dialoge, die Gespräche wiedergaben, wie sie Sokrates und andere öffentlich geführt hatten.

DIE AKADEMIE

387 v. Chr. kehrte Platon nach Athen zurück und gründete die Akademie. Dort wurden zahlreiche Fächer gelehrt, einschließlich Astronomie und Philosophie. Zu den Schülern gehörten Aristoteles, Xenokrates und auch einige Frauen wie Axiothea von Phleius. Platon hinterließ die Platonische Akademie, die noch mehr als 300 Jahre fortbestand, seinem Neffen Speusippos.

WELT DER PERFEKTEN FORMEN

Die Welt der Ideen, in der die vollkommenen Urformen der Dinge existieren, die wir in unserer unvollkommenen Welt wahrnehmen, ist eine zentrale These von Platons Werk. Er erläuterte sie mit dem Gleichnis von gefesselten Menschen in einer Höhle, die auf die hintere Wand schauen. Hinter ihnen brennt ein Feuer. Was sich davor befindet, wirft Schatten an die Wand, die die Gefangenen für die Realität halten.

Die Legende vom versunkenen Inselreich Atlantis wurde zuerst von Platon in den beiden Dialogen *Timaios* und *Kritias* erzählt.

„Die größte **Strafe** ist, von **Schlechteren regiert** zu werden, wenn einer nicht selbst regieren will.“

DER STAAT

Platon hatte auf die westliche Philosophie großen Einfluss und verfasste über 30 Dialoge. Die um 380 v. Chr. entstandene Schrift *Der Staat* ist eines der bekanntesten Werke Platons. Darin untersucht er die Beschaffenheit von Gerechtigkeit und Tugend und beschreibt seine Vorstellung eines idealen Staates. Zudem argumentierte er, nur der Gerechte könne ein glückliches Leben führen.

Woher weißt du,

Bei dem Versuch festzustellen, was existiert und was nicht, gingen einige Philosophen von Gedankenexperimenten aus. Diese besagten, dass wir uns nur unserer eigenen Existenz sicher sein können. Auf der Grundlage dieser einzigen Gewissheit zogen sie Rückschlüsse auf die Existenz anderer Dinge.

Siehe auch: 18–19

Der fliegende Mensch

Der islamische Philosoph Ibn Sînâ, auch als Avicenna bekannt, erdachte im 11. Jahrhundert das faszinierende Gedankenexperiment vom „fliegenden Menschen". Er stellte sich einen in der Luft schwebenden Menschen vor, dessen Augen verbunden sind, der nichts berührt, keine Informationen aus den Sinnen empfängt und sich daher seines Körpers und der Außenwelt völlig unbewusst ist. Dennoch weiß er, dass er existiert. Damit wollte Avicenna beweisen, dass es im Menschen ein denkendes Selbst, eine Seele gibt, die vom Körper getrennt ist. Gleichzeitig hinterfragte er, ob wir uns der Existenz von etwas anderem außer uns selbst gewiss sein können. Etwa 600 Jahre darauf stellte René Descartes ein ähnliches Gedankenexperiment auf – die Vorstellung von einem bösen Dämon, der seine Sinne täuscht und damit alles in Zweifel zieht. Etwas aber ist unbezweifelbar: Er, Descartes, existiert. Auf dieser Grundlage baute er seine Erkenntnis auf. Avicenna und Descartes zeigten zwar, dass die „Seele" oder der „Geist" existieren und sich ihrer selbst bewusst sind, nicht jedoch, dass sie einen Körper haben, der die Außenwelt bewohnt.

Avicennas Memoiren zufolge hatte er im Alter von zehn Jahren den ganzen Koran gelesen und auswendig gelernt.

Ein Gehirn im Tank

In den 1980er-Jahren führte der US-amerikanische Philosoph Hilary Putnam diese Experimente fort. Auch seine Version fragt, ob wir uns der Realität sicher sein können.

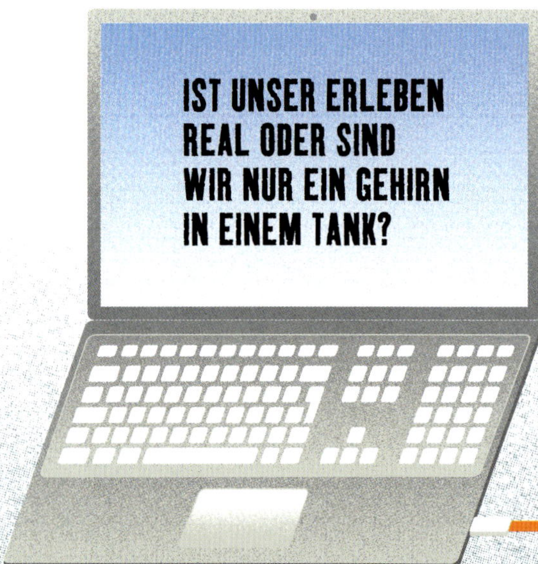

Mit der Welt verdrahtet
Hilary Putnam beschrieb ein Gedankenexperiment, demzufolge wir ein Gehirn in einem Tank sind, dessen Nervenenden an einen Computer angeschlossen sind. Er erzeugt für uns die Illusion einer normalen Realität.

dass etwas **existiert**?

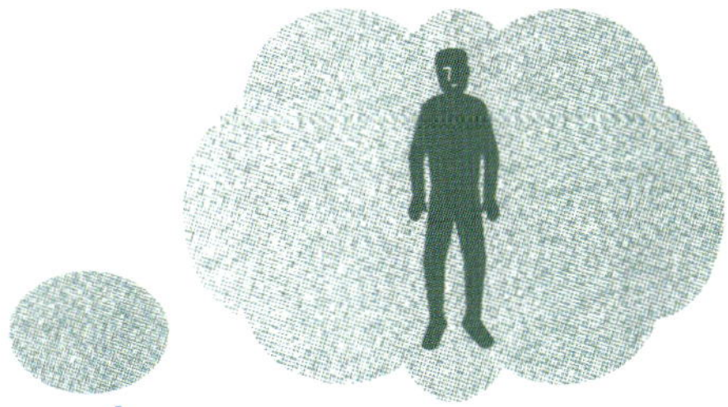

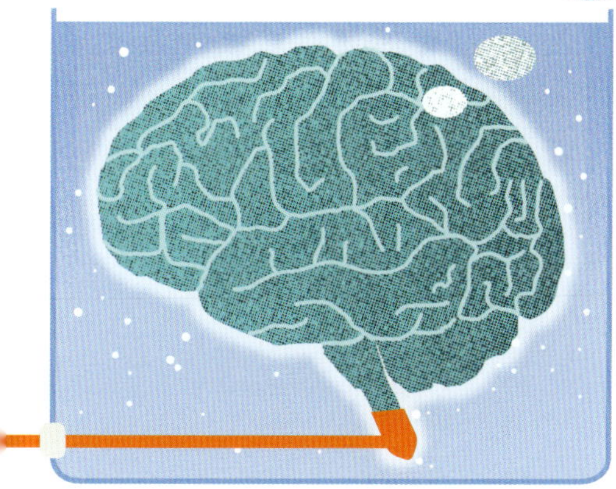

COGITO ERGO SUM: ICH DENKE, ALSO BIN ICH.

RENÉ DESCARTES

Nehmen wir an, sagte er, unser Leben sei nicht so, wie wir glauben. Ein Wissenschaftler hat uns das Gehirn entnommen und hält es in einem Tank mit Nährstofflösung am Leben. Es ist mit einem Computer verbunden, der es stimuliert und für uns den Anschein einer Realität erzeugt. Tatsächlich empfängt unser Gehirn aber nur elektrische Signale. Jede Empfindung ist genauso wie die eines realen Körpers in einer realen Welt. Wir hätten keine Ahnung, dass es sich nicht so verhält. Bei Putnams Gedankenexperiment gibt es eine Außenwelt (Forscher, Computer, Gehirn im Tank), von der wir nichts wissen. Uns bleibt nur die vom Computer erzeugte Illusion der Welt.

Wir können uns nicht sicher sein

Descartes und Putnam wollten mithilfe ihres Ansatzes lediglich klären, woher wir wissen, dass wir existieren. Doch viele Philosophen fanden ihre Gedankenexperimente sehr überzeugend. Der böse Dämon und das Gehirn im Tank sind starke Bilder, die sich nicht so einfach widerlegen lassen. Doch woher sollen wir dann wissen, dass die Welt, die wir wahrnehmen, überhaupt existiert? Bis wir eine gesicherte Antwort haben, werden die Philosophen weiterhin über diese Frage debattieren.

MATRIX

Die Science-Fiction-Filmtrilogie *Matrix* verbreitete das Gedankenexperiment von einer simulierten Realität in der Popkultur. In den Filmen kontrolliert eine Generation intelligenter Computer den Geist der Menschen mithilfe von Implantaten. Sie erzeugen für die Menschen eine Scheinwelt, sodass sie sich ihrer Gefangenschaft in der realen Welt nicht bewusst sind.

Gibt es **Gott?**

Als die Philosophen die Substanz und Struktur des Universums und die Bedeutung des Seienden entschlüsseln wollten, fragten sie sich auch, wie alles entstanden ist. Viele glaubten, Gott habe das Universum geschaffen, und suchten nach Argumenten, um seine Existenz zu beweisen.

Ursache und Zweck

Schon frühe Philosophen wie Platon und Aristoteles suchten nach Beweisen für die Existenz eines höheren Wesens, das den Kosmos schuf. Das wurde später von christlichen Philosophen weitergeführt in dem Versuch, ihren Glauben mit philosophischen Gedankengängen zu vereinbaren. Eine der Hauptfragen bezüglich des Seins ist, warum überhaupt etwas existiert. Die Annahme, das Universum sei von selbst entstanden, wirkt unglaubwürdig. Es muss also geschaffen worden sein, es muss eine Ursache haben. Der naheliegende Einwand ist, dass diese Ursache auch eine Ursache haben muss usw. Für Vertreter des „kosmologischen Beweises" gibt es eine allererste Ursache, den Urgrund des Seins, der Gott ist. Der „teleologische Beweis" geht von einem Schöpfungsplan aus und zeigt auf, dass wir klare Muster im Universum erkennen können. Die Erde bewegt sich auf einer vorhersehbaren Bahn, und aus einer Raupe wird ein Schmetterling. Diese Muster lassen darauf schließen, dass der Kosmos sorgfältig geplant worden ist und daher das Werk eines zielgerichteten Schöpfers sein muss, nämlich Gott.

FOLGLICH IST ETWAS, DAS ALLEN SEIENDEN URSACHE IST ZU SEIN, UND IHRER GUTHEIT, UND JEDER BELIEBIGEN VOLLKOMMENHEIT, UND DAS NENNEN WIR „GOTT".

THOMAS VON AQUIN

DAS PROBLEM DES BÖSEN

Die Tatsache, dass es das Böse in der Welt gibt, wird als Argument gegen die Existenz eines allmächtigen und gütigen Gottes angeführt. Wenn ein gütiger Gott das Böse verhindern will, aber es nicht tut, ist er nicht allmächtig. Wenn er es kann, aber nicht will, ist er nicht gütig. Wenn er es weder kann noch will, ist er nicht als Gott zu betrachten.

DIESEN BEWEISEN ZUFOLGE ...

Teleologisch
Der Kosmos und alles darin wurden zielgerichtet und nach einem Plan geschaffen. Der Schöpfer ist Gott.

Das vollkommene Wesen

Der christliche Philosoph Thomas von Aquin fand im Mittelalter fünf Beweise für die Existenz Gottes, die er *Quinque viae* („Fünf Wege") nannte. Er stützte sich auf den teleologischen Beweis und auf drei Versionen des kosmologischen Beweises von Platon und Aristoteles. Den fünften „Weg" fand er im Werk des Theologen Anselm von Canterbury aus dem 11. Jahrhundert. Der definierte Gott als etwas, über das hinaus man nichts Größeres denken kann. Da wir uns ein solches Wesen vorstellen können, existiert die Vorstellung von Gott in unserem Geist. Ein perfektes Wesen, das es wirklich gibt, wäre natürlich noch größer als eines, das nur in unserem Geist existiert. Wir können uns nun also ein Wesen vorstellen, das noch größer ist als unsere anfängliche Vorstellung von Gott und das in unserem Geist und in Wirklichkeit existiert. Daher muss es ein solches Wesen geben: Wenn wir seine Existenz leugnen, widerspräche das Anselms Gottesdefinition.

Thomas von Aquin glaubte, dass alle Lebewesen eine Seele haben – auch Pflanzen.

Nicht bewiesen

Nicht jeden überzeugten diese Argumente. Selbst einige, die an die Existenz Gottes glaubten, hinterfragten ihre Schlüssigkeit. Anselms „ontologischer Beweis" klingt zwar logisch, setzt aber voraus, dass wir uns das höchste Wesen vorstellen können – was wir vielleicht nicht können. Der kosmologische Beweis nimmt an, alles müsse eine Ursache haben, und die Ursache aller Ursachen kann nur Gott sein, aber warum? Auch der teleologische Beweis ist nicht schlüssig und vermutet die Existenz eines zielgerichteten Schöpfers, statt sie zu beweisen. Ab dem 19. Jahrhundert zweifelten immer mehr Philosophen an der Existenz Gottes. Man kam letztlich überein, da man sie weder beweisen noch widerlegen könne, sei das eine Frage des Glaubens und nicht der Philosophie.

Siehe auch: 112–113, 140–141

GOTT IST DASJENIGE, ÜBER DAS HINAUS NICHTS GRÖSSERES GEDACHT WERDEN KANN.

ANSELM VON CANTERBURY

… GIBT ES GOTT.

Ontologisch

Wir könnnen uns ein höheres, vollkommenes Wesen vorstellen, also muss es dieses Wesen, Gott, auch wirklich geben.

Kosmologisch

Der Kosmos kann nicht aus dem Nichts und von selbst entstanden sein. Er muss eine Ursache gehabt haben – nämlich Gott.

Die **Wissenschaft** weiß nicht alles

Die Wissenschaft hat viele der ursprünglichen Fragen über das Universum beantwortet, und neue wissenschaftliche Erkenntnisse vervollständigen unser Wissen über die Welt. Doch es gibt wahrscheinlich noch mehr zu entdecken. Und vielleicht wird die Wissenschaft einige Fragen auch nie klären können.

Francis Bacon war in England sowohl Berater von Königin Elisabeth I. als auch von König Jakob I.

Die wissenschaftliche Methode

Die abendländische Philosophie begann, Fragen über die physische Beschaffenheit des Kosmos zu stellen: Woraus besteht er, wie ist er aufgebaut? Durch logisches Denkvermögen entwarfen die Philosophen immer anspruchsvollere Theorien zur Erklärung der natürlichen Welt und entwickelten schlüssige Argumente auf Grundlage dessen, was sie in ihrem Umfeld beobachteten. Dieses Verfahren, Schlussfolgerungen aus Beobachtungen zu ziehen, wurde von Aristoteles als Erkenntnismethode begründet. Daraus entstand die „Naturphilosophie", die wir heute als Wissenschaft bezeichnen. Im 16. Jahrhundert gelangen zahlreiche wissenschaftliche Durchbrüche, wie beispielsweise Kopernikus' Theorie von einem Kosmos, der sich um die Sonne bewegt, und Vesalius' Untersuchungen der menschlichen Anatomie. Dadurch übernahm die Wissenschaft die Deutungshoheit der Naturwelt von der Religion. Doch erst der Philosoph Francis Bacon erkannte, dass man, statt Erscheinungen lediglich zu beobachten und daraus allgemeingültige Gesetze abzuleiten, ein verlässliches System schaffen muss – eine wissenschaftliche Methode, die Theorien mithilfe von Experimenten überprüft.

ALLE METHODOLOGIEN, AUCH DIE EINLEUCHTENDSTEN, HABEN IHRE GRENZEN.

PAUL FEYERABEND

Der Fortschritt der Wissenschaft

Mit dieser Methode gelangen der Wissenschaft in einer zuweilen als Wissenschaftliche Revolution bezeichneten Ära weitere Entdeckungen und Theorien. Man

ERKENNTNISSE GEWINNEN WIR METHODISCH.

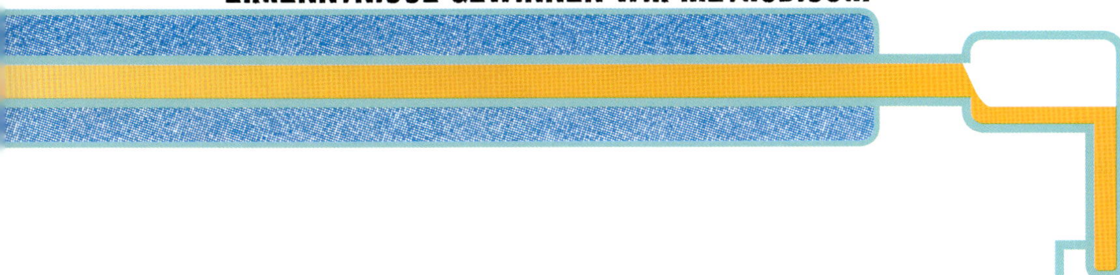

Siehe auch: 84–85, 100–101

> **NUR WENN SIE SICH ZWISCHEN WIDERSPRÜCHLICHEN THEORIEN ENTSCHEIDEN MÜSSEN, VERHALTEN SICH WISSENSCHAFTLER WIE PHILOSOPHEN.**
>
> THOMAS S. KUHN

Erkenntnisse überprüfen
Wenn möglich, prüfen Forscher ihre Theorien durch umfassende Experimente. Wenn eine Theorie sich damit nicht bestätigen lässt, muss sie abgewandelt oder durch eine bessere ersetzt werden.

enthüllte einige der grundlegenden Prinzipien des Universums: die Gesetze der Physik, Chemie und der belebten Natur. Die Neuentdeckungen brachten neue Theorien hervor, die immer ausgereifter wurden. Manchmal bewirkt eine bahnbrechende Entdeckung oder Theorie ein radikales Umdenken, was der Philosoph Thomas S. Kuhn als „Paradigmenwechsel" bezeichnete. Wendepunkte wie diese, wie der Übergang von der Physik Newtons zu der Einsteins, charakterisieren den wissenschaftlichen Fortschritt und vervollständigen unser Wissen über die Welt. Doch da sich mit jedem dieser Wendepunkte auch die Begriffe und Methoden ändern, gibt es kein zuverlässiges System für den Erkenntnisgewinn, argumentierte Paul Feyerabend.

Unbeantwortete Fragen

Durch die weitere Entwicklung seit der Wissenschaftlichen Revolution erfuhr auch die Philosophie einen Wandel. Da Physik und Chemie zunehmend Fragen über Zusammensetzung und Aufbau des Kosmos beantworteten, konzentrierte sich die Philosophie auf die Natur und Bedeutung des Seins statt auf seine physikalische Beschaffenheit. In jüngerer Zeit liefern Psychologie und Neurowissenschaft Erkenntnisse über unser Verhalten, die Vorgänge in unserem Geist und den Wissenserwerb. Die Wissenschaft kann jedoch nicht alles erklären. Sie vervollständigt unser Wissen über die physische und geistige Welt. Doch Fragen zu Moral und der Bedeutung des Seins werden sich ihr wohl immer entziehen.

URKNALL

Oft werfen wissenschaftliche Erklärungen weitere Fragen auf. So stellte die Forschung die Theorie über den „Urknall" als Ausgangspunkt des Kosmos auf. Instinktiv fragen wir uns, was davor kam oder wodurch er ausgelöst wurde. Doch die Physik behauptet, dass buchstäblich nichts, nicht einmal die Zeit davor existiert hat. Damit fechtet sie philosophische Konzepte über die Natur des Seins an.

THOMAS VON AQUIN

um 1225–1274

Thomas von Aquin war das jüngste von neun Kindern eines italienischen Grafen. Mit nur fünf Jahren wurde er in die Abtei Montecassino geschickt. Später studierte er an den Universitäten in Neapel und Paris (Frankreich). Dort bezeichnete man ihn als „stummen Ochsen“, weil er beim Lernen so still war. Doch er war sehr wissbegierig und wurde einer der wichtigsten Theologen der katholischen Kirche.

ENTFÜHRT!

In Neapel gesellte sich Thomas von Aquin zu den Dominikanern, einem religiösen Orden, der sich dem Wissenserwerb und der Armenhilfe verschrieben hatte. Da seine Familie mit seiner Wahl nicht einverstanden war, ließ sie ihn 1243 entführen. Er wurde über ein Jahr gefangengehalten, während man versuchte, ihn umzustimmen. Schließlich gab seine Familie nach und ließ ihn gehen. Er kehrte zu den Dominikanern zurück und wurde nach Paris entsandt.

Er galt als einer der wichtigsten Kirchenlehrer seiner Zeit und wurde 1323 von Papst Johannes XXII. heiliggesprochen.

„Zur Erkenntnis jeglicher Wahrheit bedürfe die Vernunft eines Beistandes von Gott, daß nämlich der Anstoß zur einzelnen vernünftigen Thätigkeit von Gott ausgehe."

LEBENSLANG LERNEN

Als Mitglied des Dominikanerordens führte Thomas von Aquin ein Leben, das dem Studium, der Lehre und dem Schreiben gewidmet war. Sein für damalige Verhältnisse enormes Schaffen umfasste über 60 Werke, einschließlich der umfangreichen *Summe der Theologie*. Sie bestand aus Tausenden handbeschriebener Seiten, auf denen er zahlreiche Fragen über Gott und die Kirche zu beantworten versuchte.

DIE WELT WAR NICHT IMMER DA

Thomas von Aquin war zum Teil dafür verantwortlich, dass sich Aristoteles' Werke im Europa des Mittelalters verbreiteten. Er las arabische Übersetzungen und schrieb Kommentare dazu. In seiner *Summe der Theologie* bezeichnete er Aristoteles sogar durchweg als „den Philosophen". Doch er übernahm nicht alle Theorien von Aristoteles und widersprach vor allem der Vorstellung, das Universum und die Erde hätten keinen Anfang und seien unvergänglich.

GLAUBE UND VERNUNFT SIND VEREINBAR

Thomas von Aquin lebte zu einer Zeit, als Kirche und Theologie mit der Wissenschaft und Philosophie in Konflikt standen. Für viele hatte die Philosophie keinen Platz im christlichen Glauben, besonders die von „Heiden" wie Aristoteles. Doch Thomas von Aquin glaubte, dass beide Arten der Erkenntnis letztendlich von Gott stammen und sich gegenseitig ergänzen können.

Was ist **Zeit?**

In der modernen Welt sind wir uns der vergänglichen Zeit besonders bewusst. Wir sehen den Wandel der Jahreszeiten, die vergehenden Tage, und wir haben verschiedene Zeitmessgeräte entwickelt, auch wenn sich Zeit selbst nur schwer definieren lässt. Im Lauf des Lebens erleben wir Zeit als fundamentalen Aspekt unserer Existenz.

> **NICHTS IST SO BESTÄNDIG WIE DER WANDEL.**
>
> HERAKLIT ZUGESCHRIEBEN

Existenz und Wandel

Frühe Philosophen erblickten bei ihrer Erkundung der Welt ein vielschichtiges Universum, in dem alles einem konstanten Wandel unterliegt. Weil sie die Beschaffenheit der Realität verstehen wollten, suchten sie nach Stabilität – nach etwas Immerwährendem, Unveränderlichem. Der Wandel in der Welt musste erklärt werden, etwa damit, dass sich unveränderliche Elemente oder Atome ständig neu zusammensetzen. Heraklit erkannte zwar an, dass die Welt sich ständig wandelt, doch für ihn befanden sich die zuvor als immerwährend und unveränderlich betrachteten Dinge tatsächlich in einem fließenden Zustand. Er erklärte, ebenso wie wir nicht zweimal in denselben Fluss steigen können, können wir die Welt nicht zu verschiedenen Zeitpunkten auf gleiche Weise erleben. Die Wirklichkeit bestand für ihn nicht aus sich wandelnden Dingen oder Stoffen, sondern aus Prozessen, die sich über einen Zeitraum entfalten.

> **Kant zufolge sind Raum und Zeit Anschauungsformen unseres Geistes, durch die er die Welt sieht.**

Der Zeit bewusst

Hunderte Jahre später erklärte Immanuel Kant die Wirklichkeit durch eine Welt der „Dinge an sich", die – anders als die von uns wahrnehmbare Welt – außerhalb von Raum und Zeit liegt. Obwohl wir in einer Welt leben, die Raum und Zeit angehört, können wir laut Kant Zeit nicht direkt wahrnehmen. Wir bekommen von ihr nur einen Eindruck durch die sich wandelnden

> **DIE WELTGESCHICHTE IST DER FORTSCHRITT IM BEWUSSTSEIN DER FREIHEIT.**
>
> GEORG WILHELM FRIEDRICH HEGEL

Siehe auch: 46–47

ZURÜCK ZUR ZUKUNFT

Einige physikalische Theorien halten Zeitreisen für möglich. Das wirft interessante philosophische Fragen über die Natur von Zeit, Sein und Identität auf. Wenn ich etwa in die Vergangenheit reise und meinen Großvater vor der Geburt meines Vaters töte, hätte es mich nie gegeben. Wenn ich mich in jüngeren Jahren besuche und von begangenen Fehlern abhalte, hätte ich sie nicht gemacht.

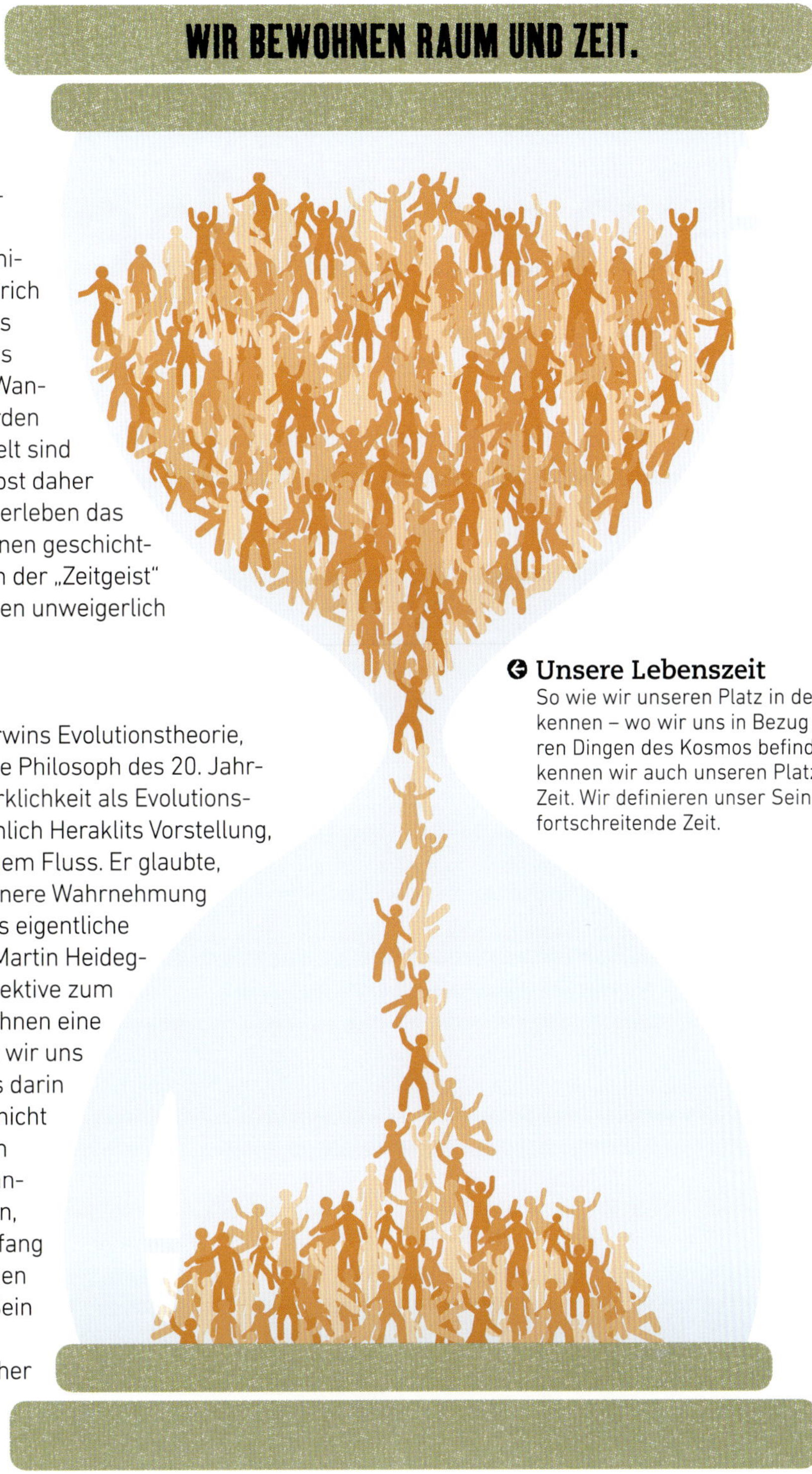

Erscheinungen in der Welt – etwa dem Tag, der auf die Nacht folgt. Der deutsche Philosoph Georg Wilhelm Friedrich Hegel hingegen befand, dass wir – abgesehen davon, dass wir uns der Zeit durch den Wandel in der Welt bewusst werden – auch ein Teil ebenjener Welt sind und unser Bewusstsein selbst daher dem Wandel unterliegt. Wir erleben das Fortschreiten der Zeit als einen geschichtlichen Prozess, bei dem sich der „Zeitgeist" mit neu aufkommenden Ideen unweigerlich ändert.

Unser Sein ist Zeit

Beeinflusst von Charles Darwins Evolutionstheorie, betrachtete der französische Philosoph des 20. Jahrhunderts Henri Bergson Wirklichkeit als Evolutionsprozess, als Kontinuum, ähnlich Heraklits Vorstellung, alles befinde sich in ständigem Fluss. Er glaubte, wir besäßen eine direkte, innere Wahrnehmung von Zeit und dies mache das eigentliche Wesen unseres Seins aus. Martin Heidegger kam aus anderer Perspektive zum gleichen Schluss: Wir bewohnen eine Welt von Raum und Zeit. Da wir uns unseres physischen Platzes darin bewusst sind, sind wir uns nicht nur der Gegenwart, sondern auch der Zukunft und Vergangenheit bewusst und dessen, dass unser Leben einen Anfang und ein Ende hat. Wir nehmen Zeit nicht nur wahr, unser Sein ist Zeit. Trotzdem bleibt für manche Philosophen Zeit eher ein Aspekt der menschlichen Wahrnehmung als der Wirklichkeit.

Unsere Lebenszeit
So wie wir unseren Platz in der Welt kennen – wo wir uns in Bezug zu anderen Dingen des Kosmos befinden –, kennen wir auch unseren Platz in der Zeit. Wir definieren unser Sein durch fortschreitende Zeit.

Was ist der Sinn meines **Lebens**?

Die Philosophen konzentrierten sich bei Seinsfragen immer weniger auf die Welt als vielmehr darauf, welchen Platz wir darin einnehmen. Einige ergründeten die Natur des menschlichen Daseins: Wie leben wir als Individuen, und finden wir einen Sinn im Leben?

Obwohl es Søren Kierkegaard schwerfiel, einen Sinn im Leben zu finden, verlor er nie seinen Glauben an Gott.

Wir haben die freie Wahl

Einer der bekanntesten Philosophen, der sich dem menschlichen Dasein widmete, war der Däne Søren Kierkegaard im 19. Jahrhundert. Da viele philosophische Theorien unseren individuellen Erfahrungen entgegenliefen, glaubte er, dass wir unser Leben selbst formen können. Wir haben die Freiheit, argumentierte er, moralische Entscheidungen darüber zu treffen, wie wir unser Leben führen wollen, und können dadurch unserem Leben einen Sinn geben. Doch unsere Selbstbestimmtheit macht uns nicht zwangsläufig glücklich. Im Gegenteil: Wenn wir feststellen, dass wir absolute Entscheidungsfreiheit haben, dreht sich uns der Kopf. Wir fühlen uns bedroht und haben Angst. Dieser „Schwindel der Freiheit", wie Kierkegaard es nannte, kommt daher, dass wir uns unseres Daseins und der persönlichen Verantwortung bewusst werden. Denn es bleibt uns überlassen, ob diese Erkenntnis zu Verzweiflung und Passivität führt oder ob wir wahrhaftig leben und sinnstiftende Entscheidungen treffen.

Siehe auch: 32–33, 46–47, 58–59

WARUM IST ÜBERHAUPT SEIENDES UND NICHT VIELMEHR NICHTS?

MARTIN HEIDEGGER

Das Potenzial erkennen

Andere Philosophen übernahmen Kierkegaards Theorie eines selbstbestimmten Lebens. So befand Friedrich Nietzsche, dass es an jedem einzelnen Menschen liegt, sein Potenzial zu erkennen, statt sich gesellschaftlichen oder religiösen Konventionen zu beugen. Später kam Edmund Husserl zu dem Schluss: Wenn es eine Welt der Dinge an sich gibt, die getrennt von Raum und Zeit existiert und die wir nicht wahrnehmen und verstehen können, wie Kant behauptet hatte, so ist jede Vorstellung, die wir von jener Welt haben, reine Spekulation. Daher können wir sie in der Praxis ignorieren und uns auf die von uns wahrnehmbare Welt konzentrieren. Husserl nannte sie „Lebenswelt". Dieser subjektive, auf unser Erleben ausgerichtete Ansatz wurde von

Freie Gedanken
Manche Philosophen glauben, dass jeder selbst über sein Leben bestimmen kann und wir uns nicht an gesellschaftliche Regeln halten müssen.

WIR KÖNNEN UNSEREM LEBEN SELBST EINEN SINN GEBEN.

Martin Heidegger aufgegriffen. Heidegger befand, dass die Philosophie zwar nach Deutungen des Seins sucht, wir aber, um das Sein zu verstehen, zuerst uns selbst und das ergründen müssen, was unser eigenes Dasein für uns bedeutet.

Der Sinn des Lebens

Heideggers Ideen beeinflussten die folgende Generation von Philosophen, besonders in Frankreich. Der Begriff „Existenzialismus" wurde für die in der zweiten Hälfte des 20. Jahrhunderts aufkommende Philosophie geprägt. Sie widmete sich der menschlichen Existenz – besonders der Suche nach einem Sinn oder Zweck im Leben in einer Welt, die sich zunehmend von Gott und Religion abwandte. Allen voran stand der Philosoph Jean-Paul Sartre. Er sagte, dass wir uns nicht selbst für das Leben entschieden haben, sondern in eine Welt geboren wurden, in der wir leben müssen. Sobald wir uns jedoch unseres Daseins bewusst werden, müssen wir unserem Leben selbst einen Sinn verleihen. Albert Camus, ebenso wie Sartre Schriftsteller und Philosoph, war weniger optimistisch. Für ihn hatte unser Leben keinen eigentlichen Sinn. Uns der aus unserem Ich-Bewusstsein entstehenden Angst zu stellen, bedeutete für ihn, die Sinnlosigkeit und Absurdität des Daseins zu akzeptieren oder sich gegen das Dasein zu entscheiden.

> [D]ER MENSCH IST DAZU **VERURTEILT, FREI** ZU SEIN … WEIL ER, EINMAL IN DIE WELT GEWORFEN, FÜR ALL DAS **VERANTWORTLICH** IST, WAS ER TUT.
>
> JEAN-PAUL SARTRE

EXISTENZANGST

So beschrieb Søren Kierkegaard unsere Angst, wenn wir uns unserer Existenz und unserer Entscheidungsmöglichkeiten bewusst werden. Existenzangst ähnelt dem Gefühl, am Rand eines Abgrunds zu stehen. Wir fürchten uns nicht nur vor dem Fall, sondern auch, weil wir den Impuls spüren, uns hineinzustürzen. Wir stellen fest, dass nur wir entscheiden können, ob wir springen oder nicht.

Metaphysik

IN DER PRAXIS

RAUM UND ZEIT

Die altgriechischen Philosophen kamen als Erste zu dem Schluss, dass Atome die Bausteine des Kosmos sind. Neuere Untersuchungen der Quantenmechanik legen nahe, dass sich subatomare Teilchen vorwärts wie auch rückwärts bewegen und an verschiedenen Stellen gleichzeitig sein können. Das würde Zeitreisen theoretisch ermöglichen.

AM ANFANG

Wissenschaftler, wie auch Philosophen vor ihnen, debattieren darüber, ob der Kosmos schon immer existiert hat. Neueren Theorien wie der des Urknalls zufolge, hat das Universum einen klar definierbaren Anfang, vor dem es nichts gab, nicht einmal die Zeit selbst.

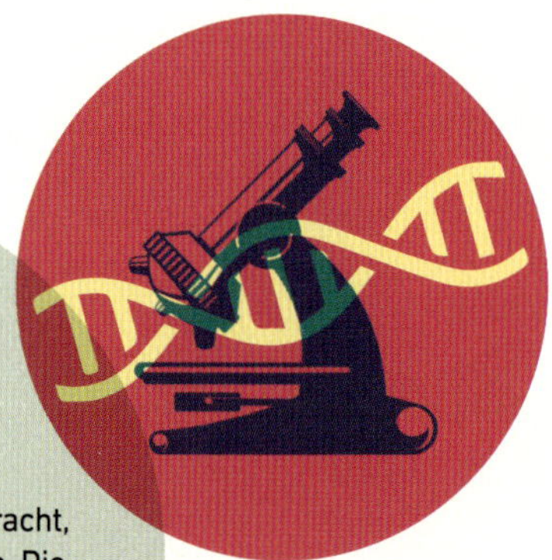

SO IST DAS LEBEN

Unser Wunsch, die Natur des Seienden zu verstehen, hat Wissenschaften wie die Physik, Chemie und Biologie hervorgebracht, die sich den Lebewesen widmen. Die Genetik kommt dem Geheimnis des Lebens sogar noch näher auf die Spur. Fortschritte in der Medizin ermöglichen es, Gene zu reparieren und Krankheiten zu heilen.

Die Metaphysik ist der Zweig der Philosophie, der sich mit der Natur des Seins beschäftigt. Sie stellt Fragen über unsere Welt, auf die auch die Naturwissenschaft Antworten sucht. Außerdem ergründet sie den Sinn unseres Daseins, der unsere Lebensweise beeinflussen kann.

IRDISCHES LEBEN

Das Seiende auf der Welt ist sehr vielfältig, sei es belebt oder unbelebt. Aus dem Versuch, dieser erstaunlichen Vielfalt auf den Grund zu kommen, entstand die biologische Teildisziplin der Ökologie. Sie untersucht die Zusammenhänge zwischen Lebewesen und ihrer Umwelt.

DER SINN DES LEBENS

Zu akzeptieren, dass wir sterblich sind und unsere Existenz keinen offenbaren Sinn hat, kann schwierig sein. Doch der Existenzialismus hat auch Teilgebiete der Psychotherapie beeinflusst, die uns dabei helfen, Verantwortung für unsere Handlungen zu übernehmen und unserem Leben einen Sinn zu geben.

ANDERE WELTEN

Etwa drei Viertel der Weltbevölkerung ist religiös. Die meisten glauben daran, dass es außerhalb unserer Welt noch eine andere gibt. Vorstellungen von Jenseits, Himmel oder Hölle sowie religiöse Praktiken, die Zugang zu jener anderen Welt gewähren sollen, beeinflussen die Lebensweise zahlreicher Menschen.

Was ist der **Geist**?

Gibt es so etwas wie eine UNSTERBLICHE Seele?

Ist der GEIST unabhängig vom KÖRPER?

Was ist das BEWUSSTSEIN?

Auch TIERE haben Gedanken und Gefühle

FÜHLST du so wie ich?

Was MACHT dich AUS?

Können COMPUTER denken?

Kann die Wissenschaft erklären, wie der GEIST ARBEITET?

Die Philosophie des Geistes wurzelt in der religiösen Vorstellung, dass wir eine unsterbliche Seele haben, die für unser Denken und Fühlen verantwortlich ist. Manche Philosophen argumentieren, dass die Seele, der Geist, vom Körper unabhängig ist. Dieser Philosophiezweig fragt auch danach, ob wir etwas über den Geist eines anderen wissen können, und geht dem Bewusstsein auf den Grund.

Gibt es so etwas wie eine **unsterbliche** Seele?

Im Zentrum vieler Religionen steht der Glaube, dass wir neben unserem Körper auch eine Seele haben, die nach dem Tod weiterlebt. Die Meinung der Philosophen über die Existenz einer unsterblichen Seele ist jedoch geteilt. Manche glauben daran, dass wir einen immateriellen, unsterblichen Geist haben, andere, dass er mit unserem Körper stirbt.

Die unsterbliche Psyche

Während des Großteils der westlichen Philosophiegeschichte zweifelten nur wenige daran, dass unser Sein körperliche und immaterielle Komponenten hat. Uneinig hingegen waren sich die Philosophen über die Natur des immateriellen Teils unseres Seins. So glaubten Sokrates und Platon, dass Menschen einen Körper und eine „Psyche" besitzen, was dem entspricht, was wir heute Seele oder Geist nennen. Diese Psyche macht laut Platon das Wesen eines Menschen aus und setzt sich aus drei Elementen zusammen: *Logos* (Verstand), *Thymos* (Gemüt) und *Eros* (Trieb). Unser Körper nimmt die Welt mithilfe der Sinne wahr. Unsere Psyche hingegen verschafft uns Zutritt zu einer vollkommenen Welt der Ideen, die unabhängig von unserer Welt existiert. Die Psyche ist immateriell und unsterblich, und Platon argumentierte, dass das uns angeborene Wissen über jene andere Welt eine Erinnerung der Psyche an ihre Existenz vor unserer Geburt ist. Nach unserem Tod wird die Psyche in einem anderen Körper wiedergeboren.

Der Philosoph Empedokles soll in einen Vulkan gesprungen sein, um seine Unsterblichkeit zu beweisen. Er starb.

Körper und Seele

Aristoteles fand eine ganz andere Erklärung der Psyche. Zum einen glaubte er nicht daran, dass sie unabhängig vom Körper existiert, sondern dass sie das Wesen eines jeden Lebewesens ist – das Prinzip oder die Ursache seines Seins. Alle Lebewesen, nicht nur Menschen, haben so gesehen eine Art „Seele": von der einfachen Psyche oder dem Lebensprinzip der Pflanze, das von Wachsen und

JEDE SEELE IST UNSTERBLICH.

SOKRATES (NACH PLATON)

WENN DER TOD DA IST, SIND WIR NICHT MEHR.

EPIKUR

Siehe auch: 20–21, 46–47

Vermehren bestimmt ist, über Tiere mit einem komplexeren Lebensprinzip bis hin zur menschlichen Psyche, die Verstand und Gefühl umfasst. Die Psyche von Lebewesen ist von ihrer physischen Existenz untrennbar. Für Aristoteles gibt es kein Lebewesen ohne Psyche, keine Seele ohne einen Körper. Und da alle Lebewesen sterblich sind, stirbt ihre Psyche mit ihnen.

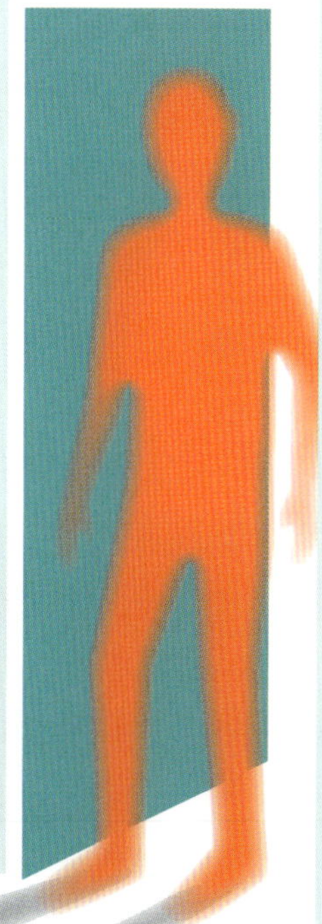

UNSER KÖRPER MAG VERGEHEN, ...

... DOCH UNSERE SEELE LEBT EWIG.

Eine Glaubensfrage

Das Wort „Seele" hat für uns heute eine andere Bedeutung als Aristoteles' Psychebegriff und ist religiös besetzt. Die Vorstellung von einer unsterblichen Seele, die nach dem Tod im Jenseits weiterlebt, ist im Christentum und Islam zentral. Beide Religionen gliederten Platons und Aristoteles' Argumentationsführung für die Existenz einer Psyche in ihre Lehren ein. In der östlichen, speziell der indischen Philosophie, dominiert der Glaube an ein „Selbst", das den Kreislauf von Geburt und Wiedergeburt durchlebt und bei dem die Seele in einem neuen Körper wiedergeboren wird. Der Glaube an die unsterbliche Seele ist ebenso wie der Glaube an Gott letztendlich eine religiöse und keine philosophische Frage. Auch wenn viele Philosophen die Vorstellung von einer unsterblichen Seele ablehnen, erkennen sie an, dass zu unserem Sein mehr als nur ein Körper gehört – etwas Immaterielles, das wir Geist nennen.

Die Seele lebt weiter
Platons Definition der Psyche umfasst Verstand, Emotion und Begehren – was wir heute mit „Geist" gleichsetzen. Wie in vielen Religionen üblich, glaubte auch er, dass die Seele nach dem Tod weiterlebt.

DER ATOMISMUS

Zu den ersten Philosophen, die die Unsterblichkeit der Seele infrage stellten, gehörten Leukipp und Demokrit. Sie bestritten nicht, dass wir eine Seele haben, doch behaupteten, dass diese wie alles andere aus Atomen besteht und sich nach dem Tod auflöst und neu zusammensetzt. Später befand Epikur, wenn nichts außer Atomen und Leere existiere, könne es auch keine immaterielle Seele geben.

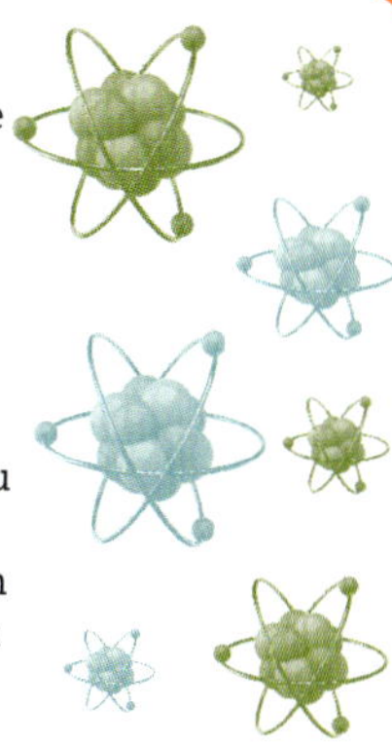

Ist der **Geist**

Neben Sinneserfahrungen haben wir Gedanken und Gefühle, die eher geistig als körperlich sind. Einige Philosophen argumentieren, dass wir einen immateriellen, vom Körper unabhängigen Geist haben, andere glauben, dass der Geist Teil unseres Körpers ist.

SO IST ES GEWISS, DASS ICH VON MEINEM KÖRPER WAHRHAFT UNTERSCHIEDEN BIN UND OHNE IHN BESTEHEN KANN.

RENÉ DESCARTES

Siehe auch: 26–27, 76–77

Eigenständiger Geist

René Descartes baute seine Philosophie auf dem auf, woran er nicht zweifeln konnte, nämlich dass er, da er zweifeln kann, als denkendes Ich existieren muss – *cogito ergo sum* („Ich denke, also bin ich"). Da seine Sinne sich täuschen ließen und er die Sinne dem Körper zuschrieb, schlussfolgerte er, dass das existierende, denkende Ich unabhängig von seinem körperlichen Dasein existieren muss – ein Geist ohne materielle Substanz. Unsere Körper, fügte er hinzu, sind rein physikalischer Natur und verhalten sich wie Maschinen. Unser Geist hingegen kann denken und schlussfolgern. Die „Leib-Seele-Dualismus" genannte Vorstellung, wonach Geist und Körper zwei getrennte Substanzen sind, kommt der religiösen Vorstellung von der Seele nahe. Der Geist, auf den Descartes sich bezieht, ist jedoch eher mentaler als spiritueller Natur.

Begegnung von Körper und Geist

Ein Hauptproblem der dualistischen Sicht ist, dass Körper und Geist offensichtlich interagieren. Wenn der Körper nur eine Maschine ist, muss der Geist dessen Handlungen steuern. Ebenso kann der Geist die Außenwelt nur mithilfe von Informationen wahrnehmen, die ihm die Sinne liefern. Für Vertreter der dualistischen Sicht auf Geist und Körper ist das Gehirn der Verbindungspunkt. Descartes vermutete sogar in der Zirbeldrüse die Schnittstelle zwischen Geist und Körper und beschrieb sie als „Sitz der Seele". Der niederländische Philosoph Baruch de Spinoza kam hingegen zu einem anderen Schluss. Er behauptete, dass wir und alles im Universum nicht aus einem physischen Körper und einem körperlosen

PHYSIKALISMUS

Die Vertreter des Physikalismus glauben, dass sich alles, was in der Welt existiert, physisch erklären lässt. Das heißt nicht, dass alles aus Materie besteht, aber dass sich beispielsweise geistige Phänomene auf die Physiologie unseres Gehirns oder eine bestimmte Verhaltensdisposition zurückführen lassen. Da physische Ereignisse aber eine physische Ursache haben müssen, könnte ein Geist, der nicht aus Materie besteht, das Verhalten eines physischen Körpers nicht beeinflussen.

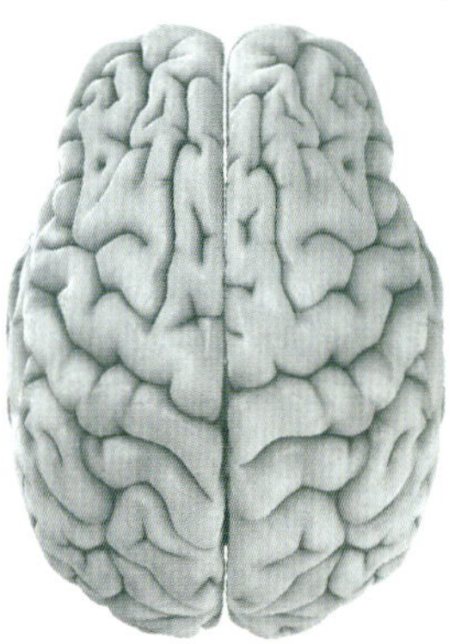

DER MENSCHLICHE GEIST [IST] EIN TEIL DES UNENDLICHEN VERSTANDES GOTTES.

BARUCH DE SPINOZA

unabhängig vom Körper?

Die Strippen ziehen
René Descartes verglich den Körper mit einer Maschine, die von einem eigenständigen Geist gesteuert wird. Er erhält über das Hirn Informationen aus den Sinnen und verarbeitet sie mithilfe des Verstands.

Die Psychologie bildete sich als Wissenschaft mit dem Ziel heraus, den Geist zu erforschen.

Geist, sondern nur aus einer einzigen materiellen Substanz bestehen, die zwei Arten von Eigenschaften hat: nämlich körperliche und geistige. Diesem „Eigenschaftsdualismus" zufolge haben unsere Körper (und das gelte für alles Materielle, selbst Steine) auch nicht körperliche, geistige Eigenschaften. Nach Spinozas Auffassung hatte diese Vorstellung eine religiöse Bedeutung, denn für ihn war diese eine materielle Substanz Gott: Gott ist das Universum und alles darinnen, und alles besitzt sowohl körperliche als auch geistige Eigenschaften.

Geist in der Maschine

Einige Philosophen lehnten die dualistische Trennung von Geist und Körper ab. Besonders im 20. Jahrhundert entstand der Eindruck, dass sich geistige Phänomene durch körperliche Vorgänge im Gehirn erklären lassen. Für den englischen Philosophen Gilbert Ryle waren Geist und Körper nicht zwei verschiedene Dinge. Er argumentierte, dass man uns glauben machen kann, eine Maschine habe ein Bewusstsein, auch wenn sie eigentlich nur die Aufgabe erfüllt, für die sie geschaffen worden ist. Was wir sehen, ist „ein Geist in der Maschine". Ebenso ist das, was Descartes als eigenständigen Geist betrachtete, eigentlich ein integraler Bestandteil unseres Körpers sowie seiner Funktions- und Verhaltensweise.

Was ist das **Bewusstsein?**

Wir Menschen nehmen unsere Welt mithilfe der Sinne wahr, und wir haben Gedanken und Gefühle. Außerdem sind wir uns dieser Wahrnehmungen – unserer Empfindungen und geistigen Prozesse – bewusst. Doch das Bewusstsein ist etwas Persönliches. Und es ist schwer zu definieren, was es heißt, sich etwas bewusst zu sein.

UNSERE GEDANKEN SIND IN EINEM STROM DES BEWUSSTSEINS GEORDNET.

Unseres Daseins bewusst

Fast alle Philosophen erkennen die Existenz immaterieller Dinge wie Gedanken und Gefühle an. Selbst die Vertreter des Physikalismus, die die Vorstellung von einem immateriellen, vom Körper unabhängigen Geist ablehnen, glauben daran, dass wir Gedanken und Wahrnehmungen haben. Aber sie argumentieren, dass sich diese durch die physische Beschaffenheit unserer Körper und Gehirne erklären lassen. Doch wir sind uns dieser geistigen Vorgänge und auch der Tatsache bewusst, dass wir ein geistiges und ein körperliches Dasein haben. Wir haben körperliche Wahrnehmungen – was wir mithilfe der Sinnesorgane sehen, hören, riechen, fühlen und schmecken – und sind uns ihrer bewusst. Außerdem haben wir Gedanken, Erinnerungen und Gefühle, die rein mental sind. Unser Gewisssein dieser geistigen Phänomene und noch wichtiger unser Ich-Bewusstsein sind das, was wir mit Bewusstsein gleichsetzen.

William James besuchte gern Séancen und war der Präsident der British Society for Psychical Research.

Wahrnehmungsbündel

Die Vorstellung, dass das Bewusstsein das bewusste Erleben von Empfindungen, Gedanken und Gefühlen ist, wirft aber Fragen auf. Das Bewusstsein lässt sich nicht objektiv erforschen. Ich kann nur mein eigenes Bewusstsein ergründen

DER GEIST IST EINE ART THEATER, IN DEM VERSCHIEDENE WAHRNEHMUNGEN NACHEINANDER AUFTRETEN.

DAVID HUME

JEDES PERSÖNLICHE BEWUSSTSEIN IST MERKLICH KONTINUIERLICH.

WILLIAM JAMES

und habe keinen direkten Zugriff auf das anderer. Ich weiß, wie sich eine bewusste Erfahrung für mich, aber nicht, wie sie sich für andere anfühlt. Also ist unsere Vorstellung von Bewusstsein subjektiv und schwer definierbar, abgesehen von einer Beschreibung, die nur auf uns selbst zutrifft. Doch wir haben eine Vorstellung von diesem „wie es sich anfühlt", sie ist Teil unseres Ich-Bewusstseins. Für den schottischen Philosophen David Hume haben wir Gedanken, Erfahrungen und Erinnerungen – was er als „Bündel von Wahrnehmungen" beschrieb –, die zusammen das subjektive Bewusstsein ausmachen, das wir mit dem Ich gleichsetzen.

WISSENSCHAFTLICHER ANSATZ

Begriffe wie „Bewusstsein" zeigen eines der Probleme der Philosophie des Geistes auf, nämlich dass wir nur auf unseren eigenen Geist direkt zugreifen können. Deshalb gilt dieser Philosophiezweig als subjektiv, introspektiv und unwissenschaftlich. Naturwissenschaftler, die sich mit ähnlichen Themen beschäftigten, versuchten, ihre Erforschung des Geistes auf ein objektiveres, wissenschaftlicheres Fundament zu stellen. Daraus entwickelte sich die Wissenschaft der Psychologie.

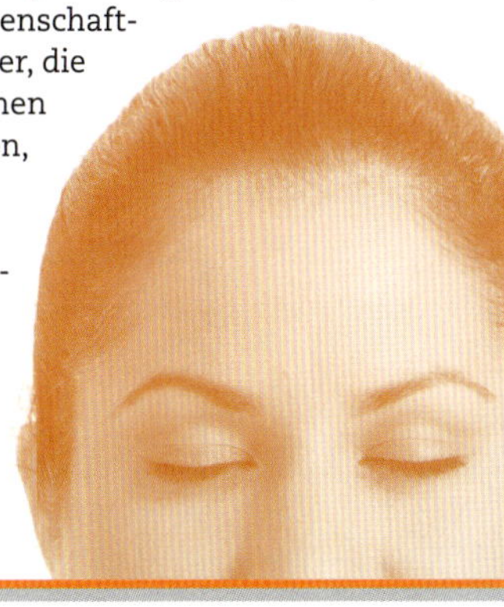

Kontinuierliches Bewusstsein

William James, Philosoph und einer der Begründer der Psychologie, wollte eine wissenschaftlichere Definition des Bewusstseins finden. Er erkannte, dass unser Geist nicht nur Sinneseindrücke von der Außenwelt aufnimmt, sondern diese mithilfe geistiger Prozesse verarbeitet. Wir sortieren unsere Gedanken und Vorstellungen über unsere Sinneserfahrungen, stellen Verbindungen zwischen ihnen her und speichern sie im Gedächtnis. Im Lauf des Lebens sammeln wir immer weitere Sinneseindrücke, die wiederum neue Gedanken und Vorstellungen entstehen lassen. Daher schlussfolgerte James, das Bewusstsein sei kein Geisteszustand, sondern ein kontinuierlicher, sich stetig wandelnder Prozess. Er nannte ihn „Strom des Bewusstseins", der jedem zueigen ist.

Siehe auch: 82–83, 84–85

Mit dem Strom
William James beschrieb das Bewusstsein als einen Strom, der sich immerzu wandelt. Unser Geist interpretiert jeden neuen Sinneseindruck und sortiert die Gedanken entsprechend.

RENÉ DESCARTES

1596–1650

René Descartes war der Sohn eines französischen Politikers und wurde nach dem Tod seiner Mutter von seiner Großmutter erzogen. Mit 22 schloss er sein Jurastudium ab, fand seine Ausbildung, abgesehen von Mathematik, jedoch nicht überzeugend. Er blieb unverheiratet, hatte aber eine Tochter, Francine. Dank des Familienerbes lebte er in bescheidenen Verhältnissen und entwickelte einflussreiche Theorien über den Verstand und den Zweifel.

VISION EINES RASTLOSEN

Ab 1618 bereiste Descartes ein Jahrzehnt lang Europa. Er trat der niederländischen Armee bei, besuchte Ungarn, Böhmen (heute Tschechische Republik), Frankreich und Italien. 1619 gelangte er durch drei seltsame Träume zu der Einsicht, dass sich alle Wissenschaften mithilfe des Verstands ergründen lassen. Nach seiner Übersiedlung in die Niederlande wechselte er ständig den Wohnort: In 22 Jahren zog er gut 18-mal um.

Descartes wurde in La Haye en Touraine geboren. Der Ort in Zentralfrankreich wurde 1967 ihm zu Ehren in Descartes umbenannt.

ALLES IN DER NATUR GESCHIEHT AUF MATHEMATISCHE ART

Trotz bahnbrechender Erkenntnisse in Optik und anderen Wissenschaften war Descartes vor allem Philosoph und Mathematiker. Er zerlegte Probleme in ihre einfachsten Bestandteile, verknüpfte Algebra und Geometrie und begründete die analytische Geometrie. Er entwickelte das kartesische Koordinatensystem, mit dem sich die Lage von Punkten im Raum bestimmen lassen, und beschrieb sie in *La Géométrie* (1637).

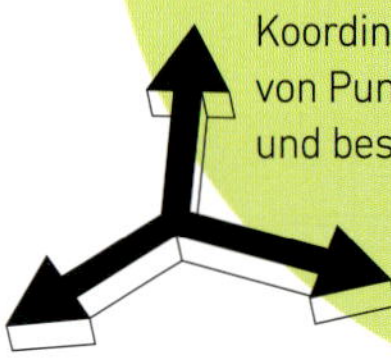

„Um die **Wahrheit** zu finden, muß einmal im Leben an allem, soweit es möglich ist, **gezweifelt** werden."

ICH DENKE, ALSO BIN ICH

Descartes bezweifelte die Verlässlichkeit der menschlichen Sinne ebenso wie die Meinung von Fachleuten. In seiner *Abhandlung über die Methode* (1637) entwarf er ein System, bei dem er alles einem methodischen Zweifel unterzog, bis es endgültig bewiesen war. Seine erste Aussage, an der sich nicht zweifeln lässt, lautete auf Lateinisch *cogito ergo sum:* „Ich denke, also bin ich."

SPÄTBLÜHER

Als Kind war Descartes kränklich und durfte bis mittags schlafen. Diesen Brauch behielt er zeitlebens bei, denn er behauptete, im Bett am besten denken zu können. 1649–1650 brach er mit der Gewohnheit, als er Königin Christina von Schweden unterrichtete, die ihn um 5 Uhr morgens empfing. Leider bekam ihm das frühe Aufstehen nicht. Er erkrankte an Lungenentzündung und starb.

Auch **Tiere** haben Gedanken und Gefühle

Bis in die jüngere Zeit unterschied sich für viele Philosophen der Mensch von anderen Tieren aufgrund seiner vermuteten geistigen Überlegenheit. Heute erkennen jedoch viele Menschen an, dass auch Tiere Schmerzen fühlen und viele von ihnen ein Denkvermögen haben. Unterscheidet sich der Geist von Tieren wirklich so sehr von unserem?

Biologische Maschinen

Von der griechischen Antike bis in 19. Jahrhundert glaubte man in der westlichen Welt, dass der Mensch sich vom Tier durch seine unsterbliche Seele unterscheidet. Selbst als die Philosophen sich vom Seelenkonzept lösten und sich dem Geist und Denkvermögen zuwandten, war der Verstand ihrer Meinung nach allein dem Menschen vorbehalten. So befand René Descartes, dass es einen vom Körper unabhängigen Geist gibt, aber nur beim Menschen. Tiere, glaubte er, könnten nicht denken und hätten daher keinen Geist – sie seien einfach biologische Maschinen und verhielten sich wie mechanisches Spielzeug.

Das Tier Mensch

Die Vorstellung, dass Tiere seelen- und geistlose Geschöpfe sind, hielt sich, bis Charles Darwin die vorherrschende Denkweise mit

Gib Pfötchen!
René Descartes glaubte, dass Tiere nur auf Sinnesreize reagieren und nicht denken oder fühlen können. Später argumentierten Philosophen, dass Tiere – da Menschen ebenfalls Tiere sind – ebenso wie wir leiden können.

seiner Evolutionstheorie infrage stellte. Unter anderem wies er nach, dass Menschen sich als Teil der Natur entwickelt haben. Damit wuchs das Bewusstsein, dass – wenn wir auch nur eine Tierspezies sind – Tiere vielleicht Eigenschaften mit uns teilen, die vorher allein dem Menschen zugeschrieben wurden. Die Sicht auf Tiere änderte sich rasant, und die Vorstellung, dass sie bewusste Wesen sind, setzte sich durch. Man begann sich zu fragen, ob Tierkampfsport und Tierversuche moralisch vertretbar sind. So entstanden Bewegungen, die sich gegen die Quälerei und Ausbeutung von Tieren einsetzten. Auch gelangten im 20. Jahrhundert immer mehr Menschen zu der Einsicht, dass es unmoralisch ist, Tiere zum Nahrungserwerb zu töten.

Weil er es für moralisch falsch hält, Tiere leiden zu lassen, ist Peter Singer seit 1971 Vegetarier.

Tierrechte

Als sich die Ansicht, dass zumindest einige Tiere Schmerz empfinden können, durchsetzte, griffen Philosophen die Frage auf, bis zu welchem Grad Tiere ebenso denken können wie wir. Wenn wir glauben, dass Tiere Leid empfinden und es falsch ist, jemanden unnötig leiden zu lassen, argumentierte der australische Philosoph Peter Singer, so ist es moralisch unvertretbar, Tieren Schmerzen zuzufügen. Er befand, dass Tiere ebenso wie Menschen ein natürliches Recht auf ein Leben frei von unnötigen Qualen haben. Doch die Vorstellung von Tierrechten wurde nur von einer Minderheit anerkannt und stieß auf Kritik. So werden Tiere oft für medizinische Forschungszwecke verwendet, um Behandlungsmittel gegen menschliche Krankheiten zu entwickeln. Es scheint, als ob unsere Rechte über denen der Tiere stünden. Zudem schenken wir den Rechten von Säugetieren gemeinhin mehr Beachtung als denen von Wirbellosen: Wir sind entrüstet, wenn Robbenbabys getöt werden, haben aber keine Gewissensbisse, den Kammerjäger zu holen, um Ameisen zu bekämpfen. Es heißt, dass wir, wenn es um Tierrechte geht, zum Anthropomorphismus neigen – also zur Vermenschlichung von Tieren. Für einige Philosophen sollten wir stattdessen unseren eigenen Moralvorstellungen auf den Grund gehen, besonders wenn es darum geht, Tiere als Mittel zum Zweck, etwa als Nahrungsquelle oder Versuchsobjekt, zu gebrauchen.

> DAS GRUNDLEGENDE PRINZIP DER GLEICHHEIT … [SOLLTE] AUCH AUF ANDERE SPEZIES ANGEWANDT [WERDEN].
>
> PETER SINGER

> DIE NIEDEREN THIERE EMPFINDEN … WIE DER MENSCH FREUDE UND SCHMERZ, GLÜCK UND UNGLÜCK.
>
> CHARLES DARWIN

LABORRATTEN

Tierversuche werden hauptsächlich durchgeführt, um unethische, schmerzhafte Versuche an Menschen zu vermeiden. Psychologen erforschten das Verhalten von Ratten, um Einblicke in die Funktionsweise unseres Geistes zu erhalten. Dies setzt voraus, dass der Geist von Ratten unserem ähnelt – wenn dem so ist, stellt sich die Frage, ob Versuche an Ratten moralisch vertretbar sind. Wenn es nicht so ist, bringen sie keinen Aufschluss über den menschlichen Geist.

Siehe auch: 66–67, 68–69

Fühlst du so wie

Wenn wir uns mit anderen auseinandersetzen, gehen wir davon aus, dass sie Gedanken und Gefühle haben, die unseren sehr ähneln. Jeder von uns weiß, wie sich Schmerz und Freude anfühlen und wie wir darauf reagieren. Doch wir können nicht in den Kopf anderer schauen. Woher wissen wir dann, dass sie ebenso denken und fühlen wie wir?

ABER WAS HATTE ICH GESEHEN, AUSSER HÜTE UND KLEIDER, UNTER DENEN AUTOMATEN STECKEN KONNTEN?

RENÉ DESCARTES

Subjektives Erleben

Eine der größten Fragen für Philosophen, die sich mit dem menschlichen Geist befassen, ist, ob jeder Dinge auf gleiche Weise erlebt. Philosophen wie René Descartes stellten ihre Theorien über den Geist größtenteils durch introspektives Denken auf – sie erforschten den eigenen Geist und dessen Prozesse – und zogen daraus den Schluss, dass sich der Geist anderer ebenso verhält. Doch einige Philosophen wiesen darauf hin, dass der Geist eines Menschen persönlich und anderen verborgen ist – wir können nicht direkt darauf zugreifen. Wir wissen nur, was in unserem eigenen Geist vor sich geht. Schlussfolgerungen anhand einer einzigen Quelle zu ziehen, ist jedoch eine wacklige Grundlage für jede Theorie. Mit welchem Recht glaube ich, dass mein subjektives Erleben, etwa von Freude und Leid, selbst mein eigenes Bewusstsein, das Gleiche ist wie das der anderen?

Siehe auch: 70–71

Keiner kann Gedanken lesen, aber oft gibt der Gesichtsausdruck eines Menschen Aufschlüsse.

Aber jeder fühlt doch Schmerz?

Ein auf dem Verhalten anderer beruhendes Argument wird gern zur Bestätigung unseres intuitiven Gefühls herangezogen, dass der Geist anderer sich ähnlich wie unser eigener verhält. So weiß ich etwa, dass ich Schmerz verspüre, wenn ich mir den Kopf an der Tür stoße, und darauf mit einem bestimmten Verhalten wie Stöhnen, Schreien oder Fluchen reagiere. Wenn ich sehe, wie sich ein anderer den Kopf stößt und ähnlich darauf reagiert, schlussfolgere ich, dass auch er Schmerzen spüren muss. Wir erkennen allgemeine Verhaltensweisen wie Weinen und Lachen, und bringen diese instinktiv mit den subjektiven Empfindungen in Zusammenhang, die die gleichen Reaktionen bei uns auslösen. Da wir alle

ich?

ähnliche Reaktionen auf äußere Reize zeigen, liegt es dann nicht auf der Hand, dass wir ähnliche Gedanken und Gefühle haben und unser Geist auf ähnliche Weise funktioniert?

Vielleicht ist jeder anders

Doch dieses allgemeine Argument zieht immer noch Schlüsse über den Geist anderer auf Grundlage einer einzigen Quelle: meines eigenen Geistes. Woher weiß ich, dass jemand, nur weil er auf gleiche Weise reagiert, die gleichen Empfindungen hat? Eine Frau, die mit einer Tür zusammenstößt und aufschreit, ahmt vielleicht nur das Verhalten eines Menschen nach, der Schmerzen spürt, und hat gar nicht dieselbe Empfindung. Ebenso ist für sie womöglich ein Gegenstand rot, der mir blau erscheint. Weil mir ihr inneres Erleben verborgen bleibt, weiß ich nicht direkt, was sie fühlt oder sieht, sondern kann es nur aus ihrem Verhalten oder ihren Aussagen ableiten. Vielleicht genügt das auch: Schließlich vertrauen wir der Beschreibung ferner Länder, ohne jemals dort gewesen zu sein.

PHILOSOPHISCHER ZOMBIE

In der Philosophie ist ein Zombie kein Untoter wie in Hollywoodfilmen. Er ist vielmehr ein Wesen, das aussieht und sich verhält wie ein Mensch, aber kein Bewusstsein hat. Wenn man einen Zombie schlägt, reagiert er so wie wir, aber fühlt keinen Schmerz. Philosophen benutzen das Zombiekonzept, um die Vorstellung infrage zu stellen, die menschliche Natur habe rein physische Ursachen: Es ist das bewusste, innere Erleben – unser Geist –, das uns von Zombies unterscheidet.

➲ Geheime Gedanken

Wir glauben oft zu wissen, was ein anderer denkt oder fühlt. Aber wir können nicht in den Kopf eines anderen schauen. Wir können nur aus seinem Verhalten seine Gedanken und Gefühle ableiten.

Was **macht** dich

Jeder ist ein einzigartiges Individuum. Wir haben einen Körper, der sich von anderen unterscheidet, und ein „Selbst" – eine persönliche Identität, die unsere Gedanken, Gefühle und Erinnerungen umfasst. Wir verändern uns im Lauf des Lebens sehr, physisch und psychisch. Doch wir spüren, dass unsere Identität bleibt.

Das Schiff des Theseus

Ein alter Witz berichtet von einem Zimmermann, der seit 50 Jahren denselben Hammer besitzt, außer dass er dreimal den Kopf und zweimal den Griff austauschte. Das verrät uns etwas über unsere instinktive Sicht auf Identität. Der Philosoph Thomas Hobbes untersuchte, welche Vorstellung wir von unserer Identität haben, während wir uns im Lauf des Lebens verändern, und bediente sich einer ähnlichen Geschichte: Theseus begab sich auf eine lange Schiffsreise, während der sein Schiff immer wieder ausgebessert wurde. Allmählich wurden alle originalen Teile durch neue ersetzt. Dennoch hielt man das Schiff am Ende für dasselbe wie am Anfang, auch wenn nichts vom Original übrig war. Das Gleiche geschieht mit uns. Unsere Körperzellen werden ständig erneuert, sodass unser Körper nach ein paar Jahren ein anderer ist. Auch unsere Ansichten, Gedanken und Gefühle ändern sich. Dennoch halten wir uns für denselben Menschen.

Thomas Hobbes hielt nichts von Philosophievorlesungen an der Universität und bemängelte „den häufig bedeutungslosen Vortrag".

Identitätskrise

Philosophen rätseln, was Identität ist. Doch sie sind sich einig, dass es der immaterielle Teil unseres Daseins ist – der Geist –, der uns ausmacht. Unsere Gedanken und Ansichten ändern sich vielleicht im Lauf des Lebens, aber im Kern bleiben wir derselbe Mensch.

aus?

Hardware und Software

Für Philosophen wie Hobbes wirft das folgende Frage auf: Wenn wir uns so sehr verändern, was macht unsere persönliche Identität dann aus? Gibt es einen Teil von uns, der sich nicht verändert? Anders als Theseus' Schiff sind wir Lebewesen mit nur einem Leben. Die Zellen werden erneuert, selbst Organe können transplantiert werden, dennoch bleibt es derselbe Organismus. Wenn es aber möglich wäre, ein Gehirn zu transplantieren, würde das unsere Identität vielleicht verändern. Wir würden denken, dass unser Gehirn einen neuen Körper bewohnt, statt dass der Körper das Gehirn als „Ersatzteil" annimmt. Daher ist unsere Identität vielleicht im Gehirn verortet. Aber wodurch unterscheidet sich dieses Körperorgan von anderen, etwa dem Herzen? Das könnte darin begründet sein, dass nicht die „Hardware" des Gehirns, die Körperzellen, sondern die „Software" – unsere Gedanken, Erinnerungen, Gefühle – unsere Identität ausmacht.

Kontinuierliche Existenz

Das, was uns ausmacht, scheint vom Geist, nicht vom Köper abzuhängen. Dennoch ändern wir uns im Leben psychisch wie physisch und hegen in bestimmten Lebensabschnitten andere Gedanken und Gefühle. Unsere Ansichten als junger Mensch mögen nichts mehr mit denen im Alter gemein haben. Wir fühlen uns nicht nur anders, sondern werden auch als ein anderer wahrgenommen. Wenn man jemandem nach langer Zeit wiederbegegnet, hat er vielleicht ganz andere Ansichten als der, an den man sich erinnert. Dennoch erkennen wir ihn, er hat dieselbe Identität. John Locke mutmaßte, dass auch unser Geist eine kontinuierliche Existenz hat, ebenso wie wir ein einziges, kontinuierliches Leben als physischer Organismus führen. Die persönliche Identität beinhaltet eine Kontinuität des Bewusstseins, die ihm zufolge im Gedächtnis verankert ist.

John Locke schrieb mit unsichtbarer Tinte gewagte Briefe an zahlreiche Damen, mit denen er befreundet war.

UND SOWEIT DIESES SELBSTBEWUSSTSEIN SICH RÜCKWÄRTS AUF VERGANGENE HANDLUNGEN ODER GEDANKEN AUSDEHNEN KANN, SO WEIT REICHT DIE DIESELBIGKEIT DER PERSON.

JOHN LOCKE

AUFGRUND DER BESTÄNDIGEN NATUR DES WANDELS, DURCH DEN MATERIE VERFÄLLT UND ERSETZT WIRD, IST ER IMMER DERSELBE MENSCH.

THOMAS HOBBES

TELEPORTATION

In Science-Fiction-Filmen beamen Teleporter Menschen an einen anderen Ort. Doch vielleicht wird die Person nicht gebeamt, sondern eine identische Kopie von ihr am Zielort erstellt und das Original zerstört. Die neue Person sieht identisch aus und hält sich für das Original, ist es aber offensichtlich nicht. Falls das Original versehentlich nicht zerstört wird, glauben beide, sie hätten dieselbe Identität.

Siehe auch: 76–77

THOMAS HOBBES

1588–1679

Thomas Hobbes war 16, als sein Vater, Pfarrer an der Kirche von Westport, Wiltshire (England), seine Familie verlassen musste, weil er einen Amtskollegen geschlagen hatte. Sein Onkel finanzierte ihm ein klassisches Studium an der Universität Oxford. Bald darauf wurde Hobbes Hauslehrer junger Adliger, später sogar vom künftigen Karl II., König von England, Schottland und Irland.

DEM KRIEG ENTRONNEN

Hobbes bereiste mit seinen adligen Schützlingen Europa und begegnete dem Astronomen Galileo Galilei und René Descartes. 1640, als in England ein Bürgerkrieg drohte, floh der königstreue Hobbes nach Frankreich. Während der elf Jahre, die er dort verbrachte, veröffentlichte er *De Cive* (1642) über Kirche und Staat und vollendete sein einflussreiches Werk über die Gesellschaft, *Leviathan* (1651).

„EINSAM, ARMSELIG, EKELHAFT, TIERISCH UND KURZ"

Dieser „Naturzustand" eines Menschenlebens ohne Gesellschaft resultiert aus Hobbes' Sicht auf den Menschen als einem größtenteils selbstsüchtigen Geschöpf, getrieben von Todesangst und Gewinnsucht. Ohne Gesellschaft hätten nur kurzfristige, persönliche Ziele auf Kosten der Zusammenarbeit und langfristiger Pläne Bedeutung.

GESELLSCHAFTSVERTRAG

Um dem Naturzustand zu entrinnen, muss der Mensch einen Vertrag mit der Gesellschaft schließen: der Sicherheit und des Zusammenlebens zuliebe einen Teil der persönlichen Freiheit aufgeben, woraufhin andere dasselbe tun. Das Prinzip der Rechteabtretung im Austausch für den Schutz der übrigen Rechte stieß insbesondere in Europa auf Interesse, wo Hobbes sehr angesehen war.

„Wo die Menschen auf **falsche Grundlagen** bauen, da ist der **Zusammenbruch** desto **größer,** je mehr sie bauen."

„VERTRÄGE SIND OHNE DAS SCHWERT LEERE WORTE"

Hobbes befand, der Mensch befolge den Gesellschaftsvertrag nur dann, wenn er von einer Obrigkeit dazu gezwungen werde. Das mythologische Seeungeheuer Leviathan stellte die Staatsmacht dar, die in einer absoluten Monarchie bestand: Ein einziger Herrscher sorgte für die geringste Konkurrenz und wenigsten Spannungen zwischen verschiedenen Interessengruppen.

1666 wurde *Leviathan* vom englischen Parlament auf eine Liste von Büchern gesetzt, denen man atheistisches Gedankengut vorwarf. Aus Angst vor dem Gefängnis verbrannte Hobbes viele seiner Schriften.

Können **Computer**

Durch die Fortschritte in der Computerwissenschaft können Maschinen heute so programmiert werden, dass sie alle möglichen Aufgaben übernehmen und dabei oft effektiver als Menschen sind. Einige simulieren Vorgänge im menschlichen Gehirn und scheinen „denken“ und Entscheidungen treffen zu können. Obwohl sie intelligent wirken, spüren die meisten von uns instinktiv, dass – trotz aller Fortschritte in der Technik – Maschinen nie in der Lage sein werden, ebenso zu denken wie wir.

Das Gehirn als biologischer Computer

Das Konzept der „Künstlichen Intelligenz“ entstand mit der Herausbildung der Computerwissenschaft in der zweiten Hälfte des 20. Jahrhunderts. Zur selben Zeit boten Fortschritte in der Neurowissenschaft Einblicke in die Funktionsweise des menschlichen Gehirns. Beide Wissenschaften entwickelten sich Seite an Seite und bedienten sich der Konzepte der jeweils anderen. Neue bildgebende Verfahren offenbarten die elektrochemische Aktivität in unserem Gehirn, die unsere Denkprozesse begleitet. Computerwissenschaftler versuchten, Maschinen zu bauen, die auf ähnliche Weise funktionieren. Wenn ein Gehirn eine Art „biologischer Computer“ ist, der mithilfe innerer elektrischer Impulse denken kann, können Maschinen vielleicht Ähnliches vollbringen. Das Forschungsgebiet Künstliche Intelligenz brachte Computer hervor, die nicht bloß „Zahlenakrobaten“ sind, sondern unsere Denkprozesse nachahmen und auf Grundlage von „Fuzzylogik“ komplexe Aufgaben bewältigen können, wie Gesichter zu erkennen und Schach zu spielen.

Alan Turing ist für seine Arbeit als Codeknacker der britischen Regierung im Zweiten Weltkrieg bekannt.

EIN PROGRAMMIERTER COMPUTER VERSTEHT SO VIEL WIE EIN AUTO UND DIE RECHENMASCHINE VERSTEHEN, NÄMLICH REIN GAR NICHTS.

JOHN SEARLE

EIN COMPUTER WÜRDE ES VERDIENEN, INTELLIGENT GENANNT ZU WERDEN, WENN ER EINEM MENSCHEN VORTÄUSCHEN KÖNNTE, EIN MENSCH ZU SEIN.

ALAN TURING

Der Turing-Test

Bei einigen Aufgaben schneiden diese Computer ebenso gut wie – oder oft auch besser als – Menschen ab und scheinen sogar in der Lage zu sein Entscheidungen zu treffen. Sie wirken so, als hätten sie eine Art Intelligenz oder Denkvermögen. Alan Turing, ein Wegbereiter der Computerwissenschaft, erdachte einen einfachen Test zum Nachweis, ob ein Computer intelligent ist. Einem Computer und einem Menschen werden schriftlich Fragen gestellt, die sie schriftlich beantwor-

CHINESISCHES ZIMMER

John Searle entwarf ein Gedankenexperiment zur Überprüfung des Turing-Tests. Eine Testperson ohne Chinesischkenntnisse sitzt in einem geschlossenen Raum und erhält Anweisungen in seiner Muttersprache, mit welchen chinesischen Symbolen er auf chinesische Fragen antworten soll. Ein Chinese außerhalb des Raums sieht, dass die Testperson auf chinesische Fragen die richtigen chinesischen Antworten liefert und würde fälschlicherweise annehmen, die Testperson könne Chinesisch.

兒
童
百

denken?

Siehe auch: 76–77, 78–79

ten. Wenn ein Dritter nicht feststellen kann, welche Antworten vom Computer stammen, hat der Computer nachgewiesen, dass er denken kann. John Searle hinterfragte später die Aussagekraft von Turings Test (siehe Chinesisches Zimmer, unten links). Moderne Computer können sicherlich einen Großteil des menschlichen Verhaltens nachahmen. Doch wir sind wohl noch weit von den nahezu perfekten Maschinenwesen in Science-Fiction-Filmen wie *Blade Runner* entfernt.

Maschine ohne Geist

Selbst wenn es einen idealen Computer gäbe, dessen Verhalten nicht von unserem unterscheidbar wäre, würden viele von uns dennoch instinktiv spüren, dass er keine echten Gedanken und Gefühle hat. Er mag Intelligenz, Gedanken und Gefühle vortäuschen, aber hätte er wirklich ein Innenleben? Oder würde er geistige Prozesse einfach nur simulieren? Ein Computer, der einen Wirbelsturm simuliert, enthält nicht wirklich einen Wirbelsturm. Warum sollen wir daher annehmen, dass ein Computer, der Gedanken und Gefühle simuliert, auch wirklich welche hat? Aber wenn eine Maschine keinen Geist haben kann, wie können wir dann einen haben, wenn wir letztendlich auch nur biologische Maschinen sind? Ist es wirklich so entscheidend, aus welcher Materie man gemacht ist?

So tun als ob ➔
Ein Computer mag den Anschein erwecken, dass er intelligent ist und Denkvermögen besitzt wie wir. Aber womöglich ist er sich dessen nicht bewusst, weil Maschinen keinen Geist haben.

Kann die Wissenschaft

Die philosophische Erkundung unserer Welt führte zur Herausbildung der Naturwissenschaft. Die Psychologie und Neurowissenschaft versuchen wiederum, bei der Beantwortung philosophischer Fragen über den Geist und das Gehirn zu helfen. Doch vielleicht lassen sich nicht alle geistigen Prozesse wissenschaftlich erklären.

DIE BESTE WISSENSCHAFTLICHE THEORIE ÜBER DEN GEIST IST BESSER ALS PHILOSOPHISCHER EMPIRISMUS, ABER SIE IST IN JEDERLEI HINSICHT IMMER NOCH NICHT SEHR GUT.

JERRY FODOR

Geist und Verhalten

Die Psychologie fußt auf den Fragen der Philosophie des Geistes. Dennoch versucht sie, Erklärungen für die Wirkweise unseres Geistes aus einer ganz anderen Perspektive zu finden. Psychologen haben die für sie vermeintlichen Spekulationen durch eine Reihe von Theorien ersetzt, die auf wissenschaftlicher Beobachtung basieren. So untersuchten Verhaltensforscher, wie wir Wissen erwerben (ein wichtiger Teil der Erkenntnistheorie), indem sie das Verhalten von Tier und Mensch beim Lernen beobachteten, und durch Experimente, mit denen sie ihre Theorien überprüften. Später entwarfen Kognitionspsychologen experimentelle Methoden, um zu erforschen, wie das Gehirn Informationen speichert und wie unsere Wahrnehmung durch die Verarbeitung von Informationen aus den Sinnen funktioniert. Die Psychologie widmete sich auch anderen Aspekten geistiger Prozesse, wie Intelligenz, Persönlichkeit und Emotion, um unser Denken und Verhalten wissenschaftlich zu begründen.

Für die alten Ägypter hatte das Gehirn kaum Bedeutung – sie glaubten, das Herz sei die Quelle der Weisheit.

EINE NEUE WISSENSCHAFT

Erst Ende des 19. Jahrhunderts entstand die Wissenschaft der Psychologie. An den Universitäten in den USA sind die ersten Psychologen aus den Departments für Philosophie hervorgegangen. In Europa hingegen galt die experimentelle Psychologie als Zweig der Physiologie. Bald wurde die Psychologie eine eigenständige Disziplin und untersuchte den Geist und dessen Verhalten. Damit bildete sie eine Brücke zwischen Philosophie und Physiologie.

Wie das Gehirn funktioniert

Neurowissenschaftler hingegen untersuchten physiologische Prozesse in Gehirn und Nervensystem. Sie erkannten, wie Informationen aus den Sinnesorganen als elektrochemische Signale über das Nervensystem zum und vom Gehirn übertragen werden und wie es diese Informationen verarbeitet. Durch moderne bildgebende Verfahren können sie heute die elektrische Aktivität im Gehirn sehen, wenn wir Informationen aus den Sinnen verarbeiten, oder bei geistigen Prozessen, wie denken, entscheiden, erinnern, und beim Sprechen. Obwohl die Neurowissenschaft viel zum Verständnis der Funktionsweise des Gehirns beitrug, kann sie uns nur die physiologischen Abläufe unseres Erlebens erklären, was wohl nicht mit unserem subjektiven bewussten Erleben gleichzusetzen ist.

erklären, wie der Geist arbeitet?

Jenseits der Wissenschaft?

Die Neurowissenschaft lieferte uns Wissen über die „Hardware" unseres Geistes (die physiologischen Abläufe in Gehirn und Nervensystem). Die Psychologie verriet uns viel über die „Software" (die Art, wie unser Geist Informationen verarbeitet). Beide Wissenschaften bieten erste Antworten auf Fragen, wie wir die Welt wahrnehmen, Wissen darüber erwerben und es speichern. Doch werden sie uns jemals den Geist oder unser subjektives Erleben genau erklären können? Warum haben wir ein bestimmtes bewusstes Erleben, wenn etwas in unserem Gehirn geschieht? Warum gehen die Vorgänge im Gehirn überhaupt mit bewussten Erfahrungen einher? Die Wissenschaft mag uns viel über die Funktionsweise des Geistes mitteilen können. Aber einige Fragen über den Geist und dessen Vorgänge entziehen sich noch immer ihrem Erkenntnisbereich.

Die Suche geht weiter ➔

Psychologen untersuchen geistige Prozesse, und Neurologen erforschen, wie das Gehirn funktioniert. Doch die Wissenschaft muss noch die philosophische Frage klären, was der Geist eigentlich ist.

Siehe auch: 70–71, 82–83

Philosophie des Geistes
IN DER PRAXIS

PERSÖNLICHE ERFAHRUNG

Fragen des Bewusstseins, Ich-Bewusstseins und der Identität, die Philosophen seit Langem beschäftigen, sind auch Objekte der wissenschaftlichen Forschung geworden. Neurowissenschaftler können nun die Hirnaktivität sehen, Muster und Verbindungen erkennen, was zur Erklärung unseres subjektiven Erlebens beitragen kann.

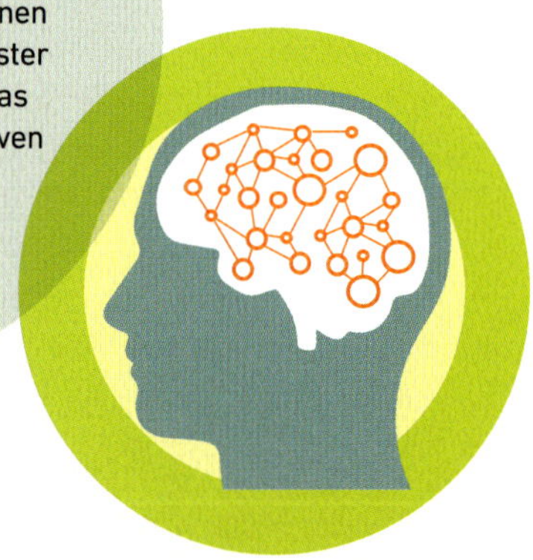

WELCHE VIELFALT

Philosophische Theorien über das, was uns ausmacht, bildeten die Grundlage psychologischer Untersuchungen verschiedener Aspekte des Geistes, die jeden von uns einzigartig machen. Dazu gehören verschiedene Persönlichkeitstypen oder Intelligenzgrade und wie wir uns psychisch gesehen im Lauf des Lebens entwickeln und verändern.

GEISTIGE GESUNDHEIT

Psychische Störungen wie Depressionen und Angststörungen werden oft mit psychotherapeutischer Gesprächstherapie behandelt. Auch Traumata können durch Gespräche therapiert werden. Die Techniken haben ihre Wurzeln in der Philosophie des Geistes, die auch dazu beitragen kann, dass Patienten ihre psychischen Probleme verstehen.

Philosophen warfen fundamentale Fragen über den Geist auf – was er ist und wie er funktioniert –, die später von Psychologen aufgegriffen wurden. Philosophische Theorien über den Geist haben auch Auswirkung auf die Entwicklung von Technologien wie der Computerwissenschaft und Robotik.

KÖRPER UND SEELE

Die östliche Philosophie hat auch die moderne Sicht auf den Geist beeinflusst. Yoga- und Meditationsübungen, die in Indien und China seit Jahrhunderten praktiziert werden, sind mittlerweile auch in der westlichen Welt weitverbreitet. Viele Psychologen erkennen an, dass sie für die Erhaltung des geistigen und körperlichen Wohlbefindens sorgen.

KÜNSTLICHE INTELLIGENZ

Computer wurden ursprünglich zur Durchführung rein mechanischer Rechenaufgaben entwickelt. Heute können sie viel kompliziertere Operationen ausführen. Mittlerweile sollen sie „denken“ können wie wir. Das Forschungsgebiet Künstliche Intelligenz basiert auf philosophischen und psychologischen Theorien über die Funktionsweise unseres Geistes.

RECHTE VON TIEREN

Es ist bekannt, dass nicht nur wir ein Bewusstsein haben. Auch Tiere haben einen Geist – und daher ähnelt ihr Erleben vielleicht unserem. Aus der Erkenntnis, dass Tiere psychisch und körperlich leiden können, entstand eine wachsende Bewegung, die sich für einen moralisch vertretbaren Umgang mit Tieren einsetzt.

Was ist **rationales Denken**?

Die Logik entwickelte sich als Teilgebiet zur Untermauerung rationaler Argumente in philosophischen Theorien. Es handelt sich um die Wissenschaft von Aufbau und Analyse vernünftiger Argumente, die aus bestimmten Prämissen Schlussfolgerungen ziehen. Es gibt verschiedene Arten von logischen Argumenten – ihre Kenntnis hilft uns, die Belastbarkeit einer Behauptung zu beurteilen.

Wahr oder falsch? BEWEISE ES …

Was ist ein LOGISCHES ARGUMENT?

Gibt es mehrere WAHRHEITEN?

Was ist ein GUTES ARGUMENT?

Was hat LOGIK mit Wissenschaft zu tun?

Ist der WISSENSCHAFT zu VERTRAUEN?

Nutze den gesunden MENSCHENVERSTAND!

Was verrät uns die LOGIK?

Es muss eine LOGISCHE Erklärung geben

Sind VERNUNFT und GLAUBE vereinbar?

Gültiges Argument
Dieses hat zwei Prämissen, die zu einem Schluss führen. Es ist zulässig, weil der Schluss „Max liebt Honig" logisch aus den Prämissen folgt. Und stimmen diese Annahmen, dann ist auch das Fazit wahr.

Wahr oder falsch?

Philosophen legen großen Wert darauf, vernunftbezogen zu arbeiten. Wenn sie eine Theorie vorbringen, sind sie bestrebt, diese mit einem schlagkräftigen Argument zu untermauern und logische Fehler zu beseitigen. Mithilfe der Logik können wir rationale Argumente aufbauen und beurteilen, wie gut sie eine Theorie stützen.

Siehe auch: 92–93, 94–95, 98–99

Aufbau eines rationalen Arguments

Behaupten wir schlicht, etwas sei wahr, werden wir andere kaum überzeugen. Wir müssen unsere Meinung begründen und aufzeigen, wie wir zu diesem Schluss gekommen sind, und stichhaltige Argumente vorbringen. Ein gutes Argument verdeutlicht, wie wir auf logische Weise von einer Idee zu einer anderen gekommen sind. Beginnen sollte es mit Aussagen, die als wahr angenommen werden – den Prämissen (Annahmen) –, aus denen eine Schlussfolgerung abgeleitet werden kann. Damit Letztere als wahr betrachtet wird, müssen die Prämissen wahr und das Argument logisch stimmig sein. Logik ist eine Methode, mit der wir beurteilen können, ob unsere Schlussfolgerungen gut oder schlecht sind oder einige Argumente schlagkräftiger als andere.

RUSSELLS TEEKANNE

Einige religiös oder politisch überzeugte Menschen glauben, es sei Sache der anderen, ihre Behauptungen zu widerlegen, und nicht ihre, diese zu beweisen. Bertrand Russell beschrieb eine Teekanne, die im Sonnensystem kreist und zu klein ist, um von der Erde aus entdeckt zu werden. Niemand kann behaupten, dies sei falsch. Aber wir müssen seiner Theorie auch keinen Glauben schenken.

Der Wahrheit auf die Spur kommen

Mithilfe der Logik können wir ein Argument analysieren, seine Struktur oder logische Form erkennen. Danach lässt sich beurteilen, ob das Fazit den Prämissen folgt oder

Ungültiges Argument
Dieses Argument ist falsch, weil der Schluss „Einige Philosophen sind Bären" nicht logisch aus den beiden Prämissen folgt. Selbst wenn die Annahmen eines falschen Arguments stimmen, muss der Schluss daraus nicht wahr sein.

Beweise es ...

nicht. Ein Argument ist stichhaltig, wenn wir aus den Prämissen die Schlussfolgerung ableiten können. Man spricht in diesem Zusammenhang von einem deduktiven (ableitenden) Argument: Sind die Annahmen wahr, muss auch die Konklusion stimmen. Doch allein die Möglichkeit, diese ableiten zu können, reicht nicht aus, um den Wahrheitsgehalt zu beweisen. Wir können etwa mit der Prämisse beginnen: „Alle Philosophen sind Menschen", und zum Schluss kommen: „Aristoteles ist ein Mensch". Das Argument überzeugt, weil es logisch stimmig ist und die Konklusion aus den beiden Prämissen folgert. Doch was ist, wenn wir stattdessen behaupten: „Alle Philosophen sind intelligent. Aristoteles ist ein Philosoph. Also ist Aristoteles intelligent"? Auch dieses Argument hat zwei Prämissen, doch die Prämisse „Alle Philosophen sind intelligent" kann wahr oder auch falsch sein. Wir benötigen einen Beweis oder ein weiteres Argument, um die Wahrheit festzustellen.

Plausibilitätsgrade

Stellen wir fest, dass die Prämissen aller Wahrscheinlichkeit nach wahr sind und wissen wir, dass das Argument gültig ist, können wir davon ausgehen, dass auch die Schlussfolgerung stimmt. Manchmal jedoch liefern uns die Annahmen – auch wahre – nicht genug Informationen, um den Wahrheitsgehalt der Schlussfolgerung zu beurteilen. Weiß ich etwa, dass die meisten Gitarristen Rechtshänder sind, und Jim ist ein Gitarrist, rechtfertigt das in gewisser Weise anzunehmen, dass Jim vermutlich Rechtshänder ist. Doch nicht alle Argumente sind wie Schwarz und Weiß. Es gibt unterschiedliche Plausibilitätsgrade. Viele Argumente in der Philosophie sind deshalb einfach aufgebaut, um so eine stichhaltige Rechtfertigung für eine Idee – eine Theorie – statt eines Nachweises zu liefern.

ES GIBT VIEL MEHR BEKANNTE WAHRHEIT, ALS BEWIESEN WERDEN KANN.
RICHARD FEYNMAN

Aristoteles diskutierte gern – er legte das erste logische System in der westlichen Philosophie vor.

Was ist ein **logisches**

Gute Argumente können unterschiedlich daherkommen, alle jedoch bewegen sich schrittweise von den Prämissen hin zur Schlussfolgerung. Philosophen griffen zunehmend auf komplexe Argumentationsformen zurück, um Konzepte zu unterbreiten und zu begründen. Die zugrundeliegende Logik wurde verfeinert und entwickelte sich in einen Philosophiezweig mit Bezug zur Mathematik.

Gottlob Frege war ein Pionier in der Logik, erntete zeitlebens aber nur wenig Anerkennung.

Aristoteles' System

Philosophen im antiken Griechenland erklärten die Welt auf Basis der Vernunft, und in Streitgesprächen diskutierten sie über die Rechtfertigung ihrer Sichtweise. In sokratischer Zeit waren derartige Debatten eine bewährte Herangehensweise. Sokrates entwickelte die dialektische Methode, um der Wahrheit auf den Grund zu gehen. Er diskutierte seine Vorstellungen mit Menschen ganz unterschiedlicher Auffassung. Ein wesentlicher Aspekt war dabei, die deren Gedanken innewohnenden Widersprüche aufzuzeigen. Doch es war Aristoteles, der ein System entwickelte, mit dem ein Argument logisch unterbreitet werden konnte – den Syllogismus. Logische Argumente sollten, so Aristoteles, aus zwei Prämissen bestehen, die zu einer Schlussfolgerung führen. Jeder Schritt eines Arguments ist demnach eine Aussage oder eine These, etwa „Alle X sind Y", „Einige X sind Y", „Kein X ist Y", „Einige X sind kein Y". Aristoteles klassifizierte die verschiedenen Kombinationen solcher Aussagen und stellte heraus, welche zu richtigen oder falschen Schlussfolgerungen führen.

ES IST DOCH WAHRHAFTIG DER MÜHE WERTH, EIN NEUES ZEICHEN ZU ERFINDEN, WENN DADURCH [...] LOGISCHE BEDENKEN [...] GEHOBEN WERDEN.

GOTTLOB FREGE

SYMBOLISCHE LOGIK

Als Gottlob Frege die Verbindung zwischen Logik und Mathematik einbrachte, führte er zugleich ein Zeichensystem ein, mit dem logische Aussagen ausgedrückt werden konnten. Dafür nutzte er ähnliche Symbole wie in der Mathematik. Eine These kann damit logisch dargelegt und analysiert werden, und das Argument wird wie ein mathematischer Beweis geprüft.

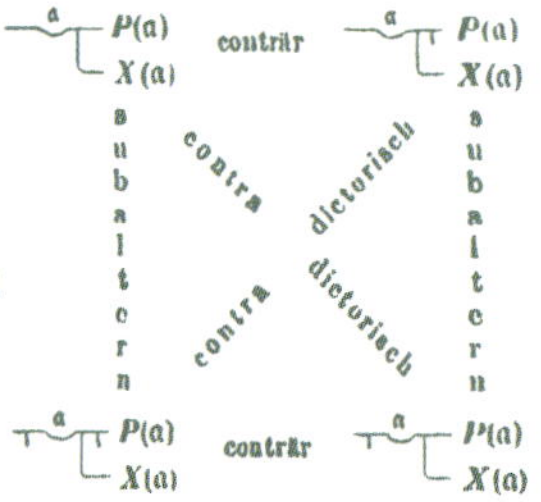

Deduktion und Induktion

Ein bekanntes Beispiel für den Syllogismus ist: „Alle Menschen sind sterblich. Sokrates ist ein Mensch. Also ist Sokrates sterblich". Hier ergibt sich in Kombination mit der Voraussetzung „Sokrates ist ein Mensch" der logische Schluss „Sokrates ist sterblich" aus der allgemeinen Prämisse „Alle Menschen sind sterblich". Deduktive Argumente wie dieses sind gültig, wenn die Schlussfolgerung aus den Prämissen folgt, und ungültig, wenn dies nicht der Fall ist. Anders dagegen das induktive Argument, bei dem oft aus spezifischen Annahmen eine allgemeine Regel abgeleitet wird. Wir folgern etwa aus Beobachtungen, dass alle Fische Kiemen besitzen, doch es könnte auch Fische mit Lungen geben (und diese gibt es in der Tat). Bei einem induktiven Argument folgt der Schluss nicht zwangsläufig aus den Annahmen, und er muss nicht richtig sein. Die Prämissen sollen die Wahrheit der Schlussfolgerung untermauern, aber nicht logischerweise die Wahrheit feststellen.

Mathematische Logik

Aristoteles' Methode, ein Argument als einen Drei-Stufen-Syllogismus zu analysieren, blieb bis Ende des 19. Jahrhunderts die Grundlage der Logik. Sie hatte als

Argument?

Mittel der Analyse jedoch Grenzen. Der Mathematiker Gottlob Frege revolutionierte schließlich die Art, philosophische Argumente zu bewerten, indem er zeigte, dass Logik wie Mathematik auf einer Reihe objektiver Regeln beruht. Er führte ein Zeichensystem ein (siehe „Symbolische Logik“ unten links), mit dessen Hilfe er Argumente logisch darlegen konnte. Dadurch wurde Mehrdeutigkeit verhindert und es ermöglicht, logische Thesen genauso zu analysieren wie mathematische Aussagen. Das System lieferte einen neuen Rahmen für die Logik und machte es zu einem leistungsstärkeren Tool. Letztlich ebnete es den Weg für eine analytischere Form der Philosophie im 20. Jahrhundert.

Siehe auch: 90–91, 98–99, 108–109

Alle Bären lieben Honig.

Konträr

Die Aussagen „Alle Bären lieben Honig“ und „Kein Bär liebt Honig“ bilden einen Gegensatz. Sie können nicht beide wahr sein. Dafür ist es möglich, dass beide falsch sind – dass einige Bären Honig lieben und andere nicht.

Kein Bär liebt Honig.

Logisches Quadrat

Philosophen, die Aristoteles’ System des Syllogismus anwandten, entwickelten ein Quadrat mit vier Grundformen von Thesen. Es zeigt, wie Aussagen im Gegensatz zueinander stehen: Ist eine wahr, kann die andere es nicht sein.

ES GIBT VIER GRUNDFORMEN VON THESEN.

Kontradiktorisch

Die Aussagen an den diagonal gegenüberliegenden Ecken stehen im Widerspruch – wenn eine wahr ist, muss die andere falsch sein. Wenn alle Bären Honig lieben, kann es nicht stimmen, dass einige ihn nicht mögen und umgekehrt. Doch die Aussagen auf dieser und der gegenüberliegenden Seite sind auf diese Weise nicht widersprüchlich.

Einige Bären lieben Honig.

Subkonträr

Die Aussagen am unteren Rand bilden einen anderen Gegensatz. Sie widersprechen sich nicht, beide können gleichzeitig wahr sein – einige Bären lieben Honig, andere lieben ihn nicht.

Einige Bären lieben keinen Honig.

Gibt es mehrere **Wahrheiten?**

Philosophische Argumente sind hauptsächlich mit dem Wahrheitsgehalt einer Idee oder These befasst. Allerdings gibt es unterschiedliche Herangehensweisen, um diesen festzustellen. Manchmal reichen schon Vernunft und Logik, um zu zeigen, dass etwas wahr ist, manchmal müssen wir dafür die Welt um uns herum beobachten.

> **DIE GRUNDWAHRHEITEN [...] SIND ENTWEDER VERNUNFTWAHRHEITEN ODER TATSÄCHLICHE WAHRHEITEN.**
>
> GOTTFRIED WILHELM LEIBNIZ

Zwei Arten von Wahrheit

Der Philosoph und Mathematiker Gottfried Wilhelm Leibniz war überzeugt, dass es mehr als eine Wahrheit gibt. Er ermittelte zwei verschiedene Aussageformen, die auf unterschiedliche Weise wahr seien. Die erste nannte er „Vernunftwahrheit" und erklärte, diese könne allein durch die Vernunft gefunden werden. Die Aussage „Alle Kater sind männlich" ist solch eine Wahrheit, weil die Definition von „Kater" eine „männliche Katze" ist. In Wirklichkeit ist dieses Beispiel das, was Philosophen eine „analytische" Wahrheit nennen – sie ist aufgrund ihrer Bedeutung wahr. Aber was ist mit einer Aussage wie „Sokrates ist im Zimmer nebenan"? Wir können den Wahrheitsgehalt nur feststellen, wenn wir es vor Ort überprüfen und in das Zimmer sehen. Diese Wahrheit bezeichnete Leibniz als „Tatsachenwahrheit". Aussagen wie diese, deren Wahrheitsgehalt nicht aufgrund ihrer Bedeutung gefunden werden kann, werden auch als „synthetisch" bezeichnet.

Siehe auch: 102–103

Wahrheiten ohne Widerspruch

Nach Leibniz können Vernunftwahrheiten nicht ohne Widerspruch bestritten werden. Wir können eine Vernunftwahrheit wie „Alle Quadrate haben vier Seiten" nicht verneinen und behaupten: „Es gibt ein Quadrat ohne vier Seiten", ohne uns selbst zu widersprechen. Denn damit würde man sagen, es gäbe etwas Vierseitiges ohne vier Seiten. Dass alle Quadrate vier Seiten besitzen, bezeichnet man auch als „notwendige Wahrheit" – sie ist unter allen Umständen überall wahr. Auf der anderen Seite könnte eine Tatsachenwahrheit wie „Barack Obama ist Amerikaner" infrage gestellt werden. Barack Obama wurde zwar in den USA geboren, doch die Umstände hätten auch anders sein können – er hätte irgendwo anders auf die Welt kommen können. Da die Wahrheit davon abhängt, ob etwas wirklich der Fall ist oder nicht, spricht man auch von einer „zufälligen Wahrheit".

Vernunftwahrheiten

Allein die Straße der Vernunft bringt keine Erkenntnis, allenfalls triviale Wahrheiten wie die Tatsache, dass ein Quadrat vier Seiten hat.

Gabelung von Hume

Nach David Hume gibt es zwei Möglichkeiten Erkenntnis zu erlangen: über die „Beziehungen der Ideen" oder „Tatsachen". Er verglich diese mit zwei unterschiedlichen Richtungen nach einer Straßengabelung. Hume behauptete, dass wahre Aussagen über Beziehungen zwischen Ideen durch die reine Tätigkeit des Denkens (Vernunft) bekannt und insofern notwendige Wahrheiten seien. Seiner Ansicht nach würde es sich hierbei um triviale Wahrheiten handeln (als würde man z.B. sagen, dass ein Quadrat vier Seiten hat), die keinerlei Wissen über die Welt vermitteln. Wahre Aussagen über Tatsachen könnten uns dagegen Informationen über die Welt geben – doch dann müssten wir diese beobachten, um herauszufinden, ob sie wahr seien. Hume glaubte, dass wir nicht von einer Straßengabelung zur nächsten schreiten können: Wir können kein Wissen über reale tatsächliche Umstände erwerben, wenn wir uns nur auf die Vernunft beziehen.

Ein bekanntes Unternehmen hat einen seiner Kekse nach dem Philosophen Gottfried Wilhelm Leibniz benannt.

BEZIEHUNGEN DER IDEEN

ODER TATSACHEN.

Tatsachenwahrheiten

Alternativ kann man die empirische Straße nehmen. Nach Hume führt nur diese zur wirklichen Erkenntnis der Welt.

MATHE + WISSENSCHAFT

Der Unterschied zwischen notwendigen und zufälligen Wahrheiten spiegelt den fundamentalen Unterschied zwischen Mathematik und den Naturwissenschaften. Mathematische Wahrheiten scheinen allein mithilfe der Vernunft verstehbar. Es sind notwendige Wahrheiten. Wissenschaftliche Entdeckungen, wie die, dass Wasser bei 100 °C kocht (1 bar), sind zufällige Wahrheiten, die auf Beobachtung beruhen und nicht unbestritten sind.

ARISTOTELES

384–322 v. Chr.

Eigentlich sollte Aristoteles in die Fußstapfen seines Vaters Nikomachus, einem Arzt des makedonischen Königs Amyntas III., treten. Doch er studierte in Athen Philosophie, reiste in die Türkei und nach Lesbos, um die Tier- und Pflanzenwelt des Meeres zu erkunden, bevor er 343 v. Chr. Lehrer des 13-jährigen Alexander des Großen wurde. Nach seiner Rückkehr nach Athen schrieb er rund 200 Bücher, von denen 30 überliefert sind.

Aristoteles' Lehre weist auch Fehler auf, etwa dass Frauen weniger Zähne als Männer besitzen und dass Gedanken nicht im Gehirn entstehen, sondern in einem Bereich rund um das Herz.

PLATONS SCHÜLER

Mit 17 begann Aristoteles sein Studium an der Schule Platons in Athen. 20 Jahre verbrachte er dort, Platon nannte ihn „die Seele der Schule". Aristoteles entwickelte eigene Theorien, die von denen seines Lehrers abwichen. Er verwarf dessen Theorie der Formen und bestand darauf, dass universale Eigenschaften in den Dingen selbst zu finden sind. Kurz nach Platons Tod 347 v. Chr verließ Aristoteles Athen.

EINE EIGENE SCHULE

335 v. Chr. kehrte Aristoteles nach Athen zurück, um dort außerhalb der Stadt eine eigene Schule im öffentlichen Gymnasium, dem Lykeion, zu gründen. Er stattete sie mit einer großen Schriftrollen-Bibliothek aus (womöglich finanziert von Alexander dem Großen) und gestaltete einen der ersten Zoos mit exotischen Tieren. Alle zehn Tage wählten seine Studenten am Lykeion einen neuen Vertreter.

SOKRATES IST STERBLICH

Aristoteles war überzeugt, dass der Einsatz der Vernunft die höchste Form menschlichen Bestrebens sei und Logik das Werkzeug, durch das man Erkenntnis gewinne. Sein bahnbrechendes System der Logik war der Syllogismus – eine Schlussfolgerung anhand zweier Prämissen. Wenn etwa die Prämisse „Alle Menschen sind sterblich“ und „Sokrates ist ein Mensch“ Gültigkeit haben, kann man daraus ableiten: „Also ist Sokrates sterblich.“

„Weisheit [ist] Verstand und Wissenschaft.“

ÜBER DIE TIERE

Aristoteles' wissenschaftliche Arbeit reichte von Astronomie bis zur Zoologie. Als Erster unterschied er Wale und Delfine von den Fischen. Er sezierte Hunderte von Lebewesen, weil er verstehen wollte, wie sie funktionieren. Mittels Logik klassifizierte er Organismen in einer bahnbrechenden *scala naturae* oder „Kette des Seins“ – ein großes Klassifikationssystem, das 2000 Jahre Einfluss haben sollte.

Was ist ein gutes Argument?

Um stichhaltig (logisch und überzeugend) zu sein, muss ein Argument auf wahren oder zumindest vernünftigen Prämissen beruhen und die Schlussfolgerung unterstützen. Ein Argument kann auf verschiedene Weise dargelegt werden, und seine logische Form bestimmt, ob es richtig ist, daraus eine Konklusion abzuleiten.

Der Künstler M. C. Escher schuf mithilfe der Perspektive visuelle Paradoxien in der Kunst, z. B. Treppen, die nie zu enden scheinen.

Analyse eines Arguments

Jahrhundertelang analysierte man Argumente mithilfe des Syllogismus-Modells von Aristoteles. Dem zufolge besteht ein Argument aus zwei Prämissen und einer Konklusion, und damit es ein gutes Argument ist, muss es gewisse Kriterien erfüllen. Jede seiner Aussagen setzt sich aus zwei Begriffen zusammen, die allgemein (etwa „Alle X sind Y" oder „Kein X ist Y") oder speziell (etwa „Einige X sind Y" oder „Einige X sind kein Y") sind. Unterschiedliche Kombinationen ergeben insgesamt 256 mögliche Syllogismus-Formen. Diese werden, je nachdem, ob die Schlussfolgerung aus den Prämissen abgeleitet werden kann, klassifiziert. Nur einige sind gültig und deduktiv. Sind diese wahr, muss die Schlussfolgerung auch wahr sein. Daneben gibt es Beurteilungsfehler (Trugschluss) oder Induktionsargumente, bei denen die Prämissen diese zwar stützen, aber nicht logischerweise die Wahrheit der Schlussfolgerung garantieren.

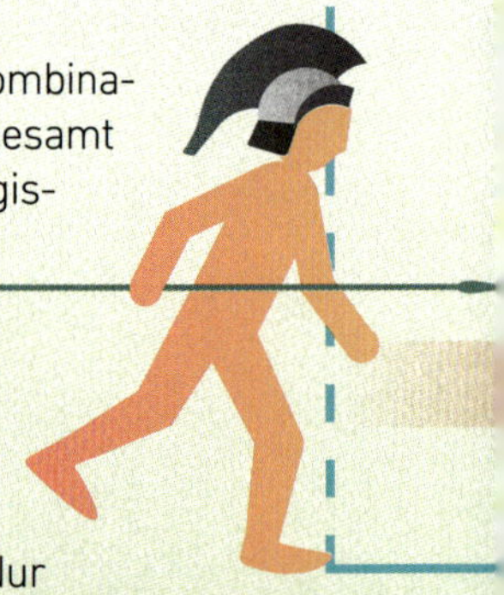

GANZE WAHRHEITEN GIBT ES NICHT; ALLE WAHRHEITEN SIND HALBWAHRHEITEN.

ALFRED NORTH WHITEHEAD

Problematische Halbwahrheiten

Die auf Aristoteles' Argumentanalyse beruhende Logik hat Mängel. Auch wenn sie schnell offenbart, ob ein Argument valide ist oder nicht, ist sie ungeeignet, um die Belastbarkeit eines Arguments, das weder belegt noch widerlegt werden kann, zu beurteilen. Die von Gottlob Frege im 19. Jahrhundert eingeführte mathematische Logik lieferte ein höher entwickeltes Modell zur Beurteilung. Doch es blieb das Problem: Argumente hingen weiter von der Vorstellung ab, dass etwas wahr oder falsch ist, während es sich tatsächlich um „Halbwahrheiten" handelte. Vor Kurzem wurde ein System der „Fuzzylogik" ins Spiel gebracht, um zwischen wahr (Wert 1) und falsch (Wert 0) eine ununterbrochene Folge herzustellen, sodass etwas „Halbwahres" als wahr mit dem Wert 0,5, eine hohe Wahrscheinlichkeit mit 0,9 oder eine entfernte Möglichkeit mit 0,1 ausgedrückt werden kann.

DAS KANN NICHT WAHR SEIN!

Epimenides, dem Kreter, wird das berühmte Paradoxon „Alle Kreter sind Lügner" zugeschrieben. Damit gab er zu, selbst die Unwahrheit zu sagen. Die Aussage selbst ist einfach, doch da sie kontradiktorisch ist, führt sie uns zurück zum Anfang: Ist sie wahr, lügt er, doch wenn er lügt, kann sie nicht wahr sein.

Rätselhafte Paradoxien

Doch selbst ein scheinbar vernünftiges, auf zwei Prämissen beruhendes Argument kann zu einer Schlussfolgerung führen, die offenkundig falsch oder kontradiktorisch ist – einem Paradoxon. Oft ist es schwer zu erkennen, ob dies an einem einfachen Denkfehler oder an falschen, mehrdeutigen oder sogar kontradiktatorischen Prämissen liegt. Ein berühmtes Paradoxon stammt von Zenon von Elea. Er argumentierte, Achilles könne in einem Rennen niemals eine Schildkröte einholen, wenn er ihr zu Beginn einen Vorsprung gewähre (siehe Abbildung links). Mithilfe der traditionellen Logik war es für Philosophen schwer, dies zu widerlegen. Und das ist das Problem mit Paradoxien – sie sind offenkundig logisch, führen aber zu einer absurden Schlussfolgerung. Selbst moderne mathematische Techniken haben bislang keine einfache Lösung für Zenons Rätsel gefunden.

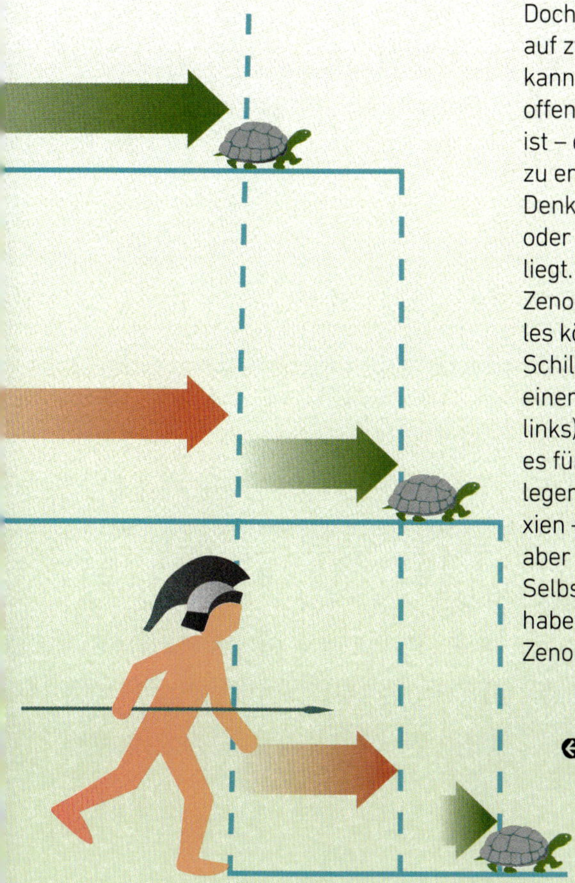

Achill und die Schildkröte
In Zenons Paradoxon wird es Achill niemals gelingen, die Schildkröte zu überholen, denn sobald er die aktuelle Position der Schildkröte erreicht, ist sie schon ein Stück weiter.

Siehe auch: 90–91, 92–93, 102–103

Was hat **Logik** mit Wissenschaft zu tun?

Naturwissenschaften stützen sich auf Beobachtungen und Experimente, Mathematik auf logische Begründungen. Doch um Beobachtungen einordnen zu können, haben Wissenschaftler Testverfahren entwickelt, die ihre dargelegten Theorien auf logische Weise rechtfertigen.

Auf der Suche nach Regeln

Aristoteles ging bei allem, was er tat, systematisch vor und wurde deshalb oft als Urheber des wissenschaftlichen Ansatzes betrachtet. Als Erster analysierte und klassifizierte er logische Argumente, er strukturierte Aspekte seiner Philosophie methodisch und war begeisterter Naturalist. Seine Naturbeobachtungen ordnete er ebenso planmäßig. Sein Ziel bestand darin, alles Lebendige zu klassifizieren, wobei er logisch vorging. So gruppierte er Tiere und Pflanzen nach deren Eigenschaften. Aristoteles stellte fest, dass alle Fische, die er kannte, Schuppen besaßen, und schloss daraus, dass dies Fische von anderen Meerestieren unterschied. So baute er aus Beobachtungen ein Regelwerk auf.

WISSENSCHAFTLER BEHANDELN PROBLEME AUF LOGISCHE WEISE.

WER SICH BESCHEIDET, MIT ZWEIFELN ZU BEGINNEN, DER WIRD BEI GEWISSHEITEN ENDEN.

FRANCIS BACON

Eine wissenschaftliche Methode

Aristoteles' Methode war einfach: Sie führte das Prinzip der Beobachtung ein und analysierte die Daten daraus. Diese konnten als Beweis herangezogen werden, um Ideen oder Hypothesen zu untermauern. Spätere islamische Wissenschaftler und Philosophen übernahmen dieses Prinzip, wobei sie nicht nur Dinge in der Natur beobachteten, sondern auch Experimente durchführten. Das wiederum führte zu einem systematischeren Ansatz, einer wahrhaft wissenschaftlichen Methode, die der englische Philosoph Francis Bacon anregte. Seine Methode folgt einer logischen Sequenz aus

Eine Beobachtung machen

Ein Wissenschaftler könnte beobachten, dass ein Objekt, z. B. eine Vase, zerbrochen ist und dieses aus drei verschiedenen Farben bestand.

Eine Hypothese aufstellen

Danach könnte er versuchen sich vorzustellen, wie das Objekt aussehen könnte. Vielleicht aus drei verschiedenen Farbbändern?

Beim Experiment, ob tote Hühnchen durch Ausstopfen mit Schnee länger haltbar sind, zog sich Francis Bacon eine tödliche Lungenentzündung zu.

Schritten: Beobachtung, Bildung einer Hypothese zur Erklärung eines bestimmten Phänomens, Überprüfung der Hypothese mithilfe von Experimenten. Im Gegensatz zu anderen Untersuchungsmethoden leitet diese wissenschaftliche Methode nicht einfach eine allgemeine Regel aus beobachteten Beispielen eines Phänomens ab. Stattdessen nutzt sie diese Beobachtungen, um vorherzusagen, dass dasselbe unter ähnlichen Umständen geschieht – die Hypothese –, und versucht, die Umstände in Experimenten nachzubilden. Die Ergebnisse können eine Theorie stützen oder widerlegen.

KLUGE COMPUTER

Die ersten Computer wurden mit einfachen mathematischen Regeln programmiert und leisteten arithmetische Grundaufgaben. Für komplexere Dinge mussten diese in einen logischen Verlauf aus einzelnen Schritten konvertiert werden, jeder Schritt in einer logischen Form, die der Rechner „verstand". Neue mathematische Logikformen waren unerlässlich, um aus ihnen Maschinen mit Künstlicher Intelligenz zu machen.

Ergebnisse überprüfen

Die wissenschaftliche Methode ist eine Form induktiver Begründung. Als solches kann sie nicht beweisen, dass eine Theorie wahr ist. Doch je mehr Beispiele beobachtet werden, umso mehr erhärtet sich der Beweis für eine Theorie, und der Prozess kritischen Experimentierens liefert zudem einen stärkeren Beleg. Die Ergebnisse eines Experiments und damit die mögliche Wiederholung können durch die Durchführung eines weiteren Experiments geprüft werden. Um abzusichern, dass diese Ergebnisse zuverlässig, objektiv und möglich sind, wurden höher entwickelte Experimentiertechniken, Messungen und Datenanalysen entwickelt. In der Medizin etwa kann eine Behandlung getestet werden, indem man sie oder ein Placebo (Scheinmedikament) mehreren Patienten bzw. einer Kontrollgruppe zeitgleich zukommen lässt. Die Ergebnisse der Gruppen werden miteinander verglichen, und die Effektivität einer Behandlung kann statistisch gemessen werden. Sowohl Logik als auch Mathematik spielen eine wichtige Rolle in der Wissenschaft.

Siehe auch: 92–93, 102–103

Ein Experiment ausführen
Im nächsten Schritt geht es darum, die Hypothese in einem Experiment zu testen. Passen die Stücke so zusammen?

Die Ergebnisse betrachten
Zum Schluss prüft der Wissenschaftler, ob die Ergebnisse seine Hypothese stützen. Die reparierte Vase bestätigt seine Annahme.

Ist der **Wissenschaft**

Wir leben in einer Welt, die von Erzeugnissen der Wissenschaft – von Computern bis hin zu genetisch modifizierten Nutzpflanzen – dominiert wird. Wissenschaftler erklären uns auch, wie das Universum funktioniert. Wir glauben ihnen, doch einige Philosophen behaupten, dass es keine logische Basis dafür gibt, dies zu tun.

> **BISHERIGE ERFAHRUNGEN KÖNNEN NICHTS IN DER ZUKUNFT BEWEISEN.**
>
> DAVID HUME

Das Problem der Induktion

Wissenschaftliche Theorien können sich nur auf einen verfügbaren Nachweis stützen, deshalb nutzt man Beobachtungen, um allgemeine Schlussfolgerungen darüber, was zukünftig oder irgendwo im Universum geschehen könnte, zu untermauern. Ich könnte z. B. schlussfolgern, dass ein Ball, den ich loslasse, auf den Boden fällt, weil er es bisher immer tat. Oder ich könnte folgern, dass die Sonne morgen und alle folgenden Tage aufgehen wird, weil ich bis heute jeden Tag den Sonnenaufgang beobachtet habe. Doch welche Gründe habe ich, dies zu glauben? David Hume behauptete, unsere Abhängigkeit von induktiver Begründung sei gänzlich ungerechtfertigt. Wir haben nicht mehr Grund anzunehmen, dass die Sonne morgen aufgehen wird, als das Gegenteil zu glauben. Das Problem der Induktion, so Hume, bestehe darin, dass es auf der Annahme beruhe, alles im Universum folge einem unveränderlichen Muster – auch in der Zukunft. Doch diese Annahme selbst beruhe auf induktiver Begründung: Wir gehen davon aus, dass Natur gleichförmig ist, weil unsere Erfahrung begrenzt ist. Genauso verhält es sich mit unserer Erfahrung, dass ein Ereignis unweigerlich auf das nächste folgt. Das heißt nicht, dass das erste Ereignis das zweite auslöst. Wenn zwei Uhren ein paar Sekunden unterschiedlich gestellt sind, wird eine stets nach der anderen schlagen, aber nicht deshalb. Wissenschaft, so Hume, ist eine Gewohnheits-, keine Vernunftsache. Es mag lächerlich erscheinen darauf hinzuweisen, dass die Sonne morgen genauso wahrscheinlich aufgeht wie sie nicht aufgeht, doch es gibt Philosophen, die Humes Argument bemängeln.

> **Jede wissenschaftliche Leistung – vom Maschinenbau bis zur Raumfahrt – beruht auf Induktion.**

Fragwürdige Logik
Die Schlussfolgerung „Alle Schwäne sind weiß" ist nicht logischerweise wahr, egal wie viele weiße Schwäne man schon gesehen hat. Ein einziger schwarzer Schwan zeigt, dass sie falsch ist.

zu **vertrauen?**

Nicht alle Katzen haben einen Schwanz

Das Problem der Induktion ist ungelöst, seit Karl Popper Mitte des 20. Jahrhunderts einen anderen Ansatz einbrachte. Popper stimmte zu, dass mehrere beobachtete Beispiele keine allgemeine Regel belegen, doch verwies er darauf, dass ein einziges negatives Beispiel diese Theorie verfälschen könne. Egal wie viele Katzen mit Schwanz ich gesehen habe, kann ich nicht sicher sein, dass die Theorie „Alle Katzen haben einen Schwanz" wahr ist. Denn schon der Anblick einer Katze ohne Schwanz zeigt, dass sie falsch ist. Nach Popper sind Theorien nur wissenschaftlich, wenn sie widerlegbar sind (durch Beobachtung oder Experiment).

Doch Induktion funktioniert!

Können wir behaupten, es sei vernünftig, induktiver Begründung zu vertrauen, indem wir aufzeigen, dass sie funktioniert? So haben Wissenschaftler Menschen auf den Mond gebracht, weil sie sich auf induktive Argumente verlassen haben. Leider ist dieses Argument selbst ein induktives. Die Induktion hat bis heute funktioniert und wird es daher wohl auch in Zukunft tun.

> **HUME HATTE VOLLKOMMEN RECHT ZU BEHAUPTEN, DASS INDUKTION LOGISCH NICHT BEGRÜNDET IST.**
>
> KARL POPPER

Siehe auch: 26–27, 92–93, 100–101

SPIELER-IRRTUM

Wirft man eine Münze, liegt die Chance, dass sie mit dem Kopf nach oben fällt, bei 50:50. Wird sie also 100-mal geworfen, sollte sie 50-mal mit dem Kopf nach oben landen. Das verführt dazu zu glauben, dass die Münze, wenn sie 99-mal hintereinander mit der Zahl nach oben gefallen ist, das nächste Mal mit dem Kopf nach oben landet. Die Wahrscheinlichkeit liegt bei jedem Wurf bei 50:50.

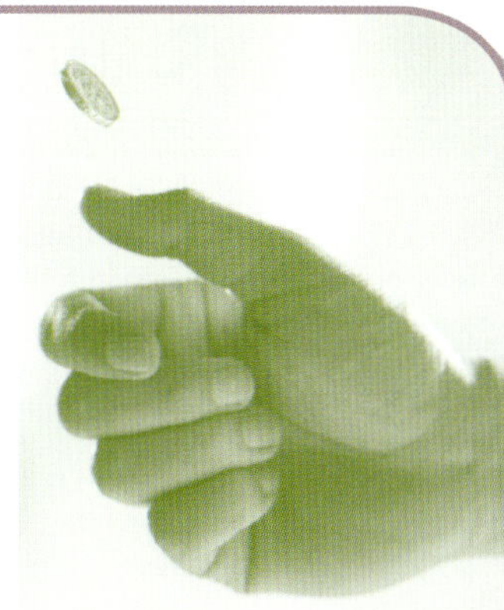

Nutze den gesunden **Menschenverstand!**

Logik erscheint meist sehr abstrakt, mit wenig Bezug zur Welt, in der wir leben. Wir können sie nicht nutzen, um wissenschaftliche Theorien auf ihren Wahrheitsgehalt zu überprüfen. Selbst logisch klingende Argumente können zu Paradoxien führen, die dem gesunden Menschenverstand trotzen.

Siehe auch: 26–27, 98–99, 100–101, 102–103

Menschenverstand und Intuition

In gewissem Maße kann Logik als hoch organisierter „gesunder Menschenverstand" bezeichnet werden. Viele unbewusst getroffene Rückschlüsse ähneln denen eines logischen Arguments. Oft erkennen wir, wenn eine Schlussfolgerung, ohne auf die Regeln der Logik einzugehen, einer Aussage folgt oder nicht. Manchmal jedoch lässt uns der gesunde Menschenverstand im Stich. Vielen frühen Astronomen z.B. schien es plausibel, dass die Erde eine Scheibe sei. Bisweilen ist das, was man als gesunden Menschenverstand bezeichnet, nicht mehr als ein Gefühl, eine Intuition. Doch obwohl ein gutes Argument logisch sein sollte, spielen auch der gesunde Menschenverstand und die Intuition eine Rolle. Im Falle von Paradoxien (wenn offensichtlich stichhaltige Argumente zu einem absurden Schluss führen) etwa fühlen wir intuitiv, dass etwas falsch ist.

Als Erster verwendete Aristoteles den Begriff des „gesunden Menschenverstandes" im Zusammenhang mit Tieren.

Einfach ist am besten

Wilhelm von Ockham, ein Mönch und Philosoph im Mittelalter, verteidigte eine spezielle Art des gesunden Menschenverstandes, wenn er zwischen konkurrierenden Erklärungen und Argumenten entschied. Zu oft, fand er, würden Philosophen ausschweifende Erklärungen, die auf mehreren Prämissen basierten, liefern, um ihre Theorien zu begründen. Werden wir, so Ockham, mit mehr als einer Erklärung konfrontiert, sind alle gleichwertig, sodass die einfachere Theorie vorzuziehen sei. Dieses Prinzip wird als Ockhams Rasiermesser bezeichnet, weil es alle unnötigen Annahmen „wegrasiert". David Hume übernahm in seiner Kritik an René Descartes und den rationalen Philosophen einen ähnlichen Ansatz und fragte sie, warum es nötig sei, die Existenz einer immateriellen Welt vorzuschlagen, um eigene Theorien zu begründen.

GEFÜHL VS. INTELLEKT

Obwohl Hume auf Erfahrung stützende Argumente verteidigte, wusste er, dass Urteile und Entscheidungen mehr auf Gefühlen denn auf rationalem Denken beruhen. Wir setzen den Intellekt ein, um zu rechtfertigen, was uns unsere Emotionen und instinktiven Triebe vormachen, oder, wie Hume sagte: „Die Vernunft ist der Sklave der Leidenschaften."

Ockhams Rasiermesser ➔

Wilhelm von Ockham fand, dass Philosophen die Dinge verkomplizierten. Seiner Ansicht nach war, wenn mehrere gleichwertige Erklärungen gegeben werden, die einfachste wahrscheinlich die valideste.

Leitfaden Gewohnheit

Stattdessen waren Hume und andere Empiriker bestrebt, ihre Philosophie auf ein wissenschaftliches Fundament zu stellen. Nachdem Hume aufgezeigt hatte, dass es keine logische Rechtfertigung für die induktive Begründung der Wissenschaft gibt (siehe Seite 102–103), erklärte er, dass wir natürlicherweise unsere wiederholten Wahrnehmungen – oder, wie er es nannte, „mentale Gewohnheit" – als Leitfaden anwenden. Wissenschaftliche Überzeugungen können nicht belegt werden, so Hume, aber wir können nicht dazu beitragen, Schlüsse über die Zukunft zu ziehen, die auf vergangenen Erfahrungen beruhen. Hier kommt wieder der gesunde Menschenverstand ins Spiel. Wenn etwas allgemeinen Regeln trotzt und den „Gesetzen" von Natur oder Physik, die wir aus unserer Erfahrung, unserem gesunden Menschenverstand – welcher sich wiederum auch aus Erfahrung speist – ableiten, und uns als Wunder verkauft wird, sagt uns unser gesunder Menschenverstand, dass das nicht stimmen kann. Die Wahrscheinlichkeit, dass ein Ereignis, das all unseren Erfahrungen widerspricht, ein Wunder ist, ist geringer als die Wahrscheinlichkeit, dass unsere Sinne getäuscht werden oder die Berichte über das Ereignis falsch sind.

UMSONST GESCHIEHT MIT HILFE EINER MEHRHEIT, WAS SICH MIT WENIGER TUN LÄSST.

WILHELM VON OCKHAM

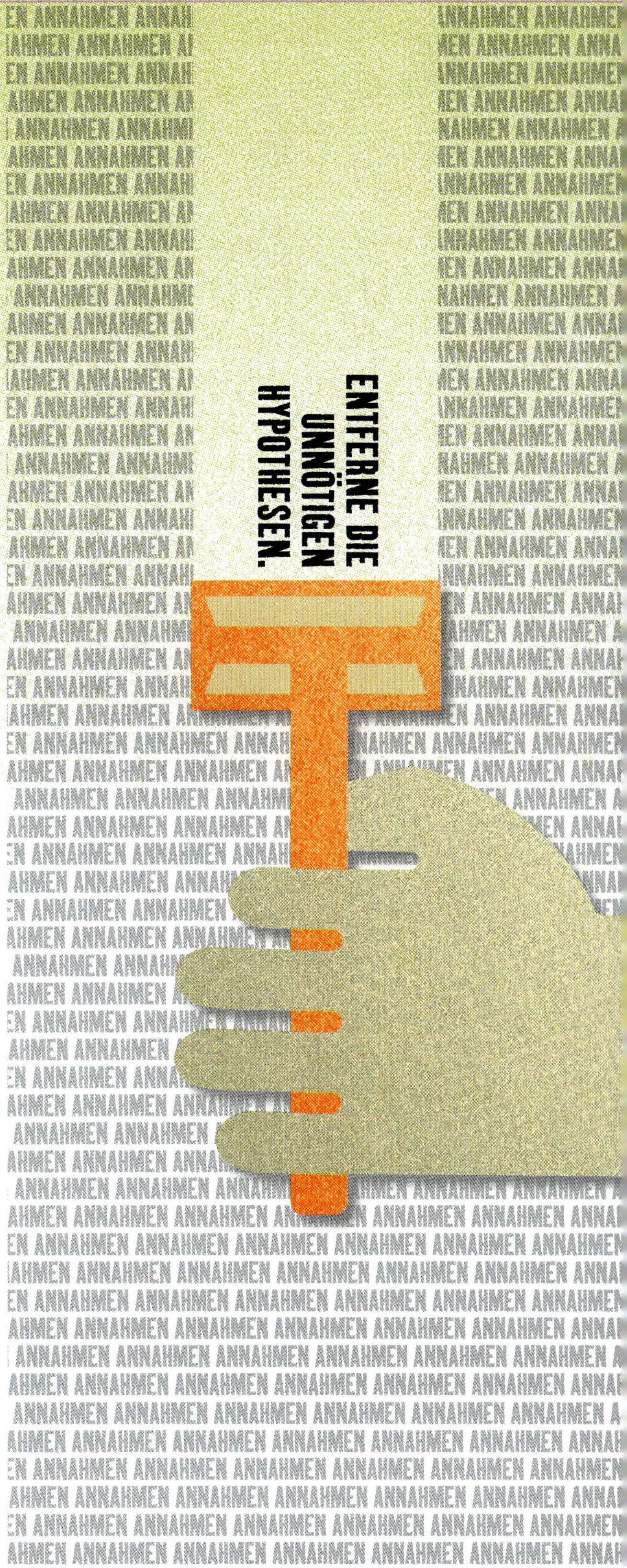

LUDWIG WITTGENSTEIN

1889–1951

Einer der Vordenker des 20. Jahrhunderts, Ludwig Wittgenstein, wurde bis zum 14. Lebensjahr zu Hause unterrichtet. Später studierte er Mathematik und Maschinenbau. Von Logik und Philosophie fasziniert, zog er von Wien nach Cambridge (England), um bei Bertrand Russell 1911 Philosophie zu studieren. Das Manuskript seines Erstlingswerks *Tractatus Logico-Philosophicus* bewahrte er während des Ersten Weltkriegs im Rucksack auf. Russell erhielt es, als Wittgenstein in Gefangenschaft geriet.

FAMILIE WITTGENSTEIN

Die Wittgensteins, durch die Stahlindustrie reich geworden, waren gut vernetzt. In ihrem Wiener Haus waren Komponisten wie Gustav Mahler und Johannes Brahms regelmäßig zu Gast. Ludwig war das jüngste von acht Kindern. Drei seiner Brüder begingen Selbstmord. Sein verbliebener Bruder Paul war ein bekannter Konzertpianist, der im Ersten Weltkrieg seinen rechten Arm verlor und daraufhin Klavierstücke nur noch mit der linken Hand spielte.

KRIEGSDIENST

Wittgenstein meldete sich bei Kriegsausbruch freiwillig bei der österreichischen Armee und diente auf Schiffen und in der Artillerie, bevor er 1916 an die russische Front kam. Für seine Tapferkeit in der Schlacht erhielt er mehrere Medaillen und wurde dann in Italien gefangengenommen. Erst im August 1919, neun Monate nach Kriegsende, wurde er freigelassen.

Im Zweiten Weltkrieg verließ Wittgenstein Cambridge, um in einem Londoner Krankenhaus als Pfleger und anschließend für ein geringes Entgelt als Laborassistent in Newcastle zu arbeiten.

SPRACHE UND LOGIK

Im *Tractatus* (1921) betrachtet Wittgenstein den Zusammenhang zwischen Sprache und Welt und wie philosophische Probleme aus einem Missverständnis der Sprachlogik entstehen. Später behauptete er, dass philosophische Probleme durch linguistische Verwirrung aufkämen, vermutete aber, dass diese durch genaue Beobachtung dessen, wie Sprache genutzt wird, gelöst werden könnten.

„Die **Komplexität** der Philosophie ist nicht die ihrer **Materie,** sondern die unseres verknoteten **Verständnisses.**“

WIDERWILLIGER PROFESSOR

Nach seiner Arbeit als Lehrer und Gärtner kehrte Wittgenstein 1929 als Dozent nach Cambridge zurück, 1939 erhielt er eine Professur. Seine kompakten Vorlesungen hielt er ohne Skript in einem Liegestuhl sitzend. Meist verschwand er danach, um im Kino seine geliebten Western zu sehen. Er soll Studenten gedrängt haben, sich eine „sinnvollere Beschäftigung“ als die Philosophie zu suchen.

Was verrät uns

Eines der Probleme, dem wir gegenüberstehen, wenn wir Argumente beurteilen wollen, ist, dass sie meist sehr grob dargelegt werden. Oft ist nicht genau klar, was das Argument ist. Manchmal müssen wir es sorgfältig analysieren, bevor wir entscheiden, ob es logisch ist und ob die Prämissen wahr sind.

NUTZLOSES WISSEN ZU ERWERBEN, KANN GROSSES VERGNÜGEN BEREITEN.

BERTRAND RUSSELL

Gewöhnliche Sprache

Philosophen (und Politiker, Rechtsanwälte, Wissenschaftler) nutzen Argumente, und wir können mit Logik versuchen, deren Stärke zu beurteilen. Trotzdem sprechen und schreiben wir nicht immer so, dass die Argumente klar sind. In der Philosophie ist es hilfreich, etwas Gesagtes in eine klarere logische Form zu „übersetzen". Macht man die Prämissen eines Arguments aus und versteht, wie sie mit der Schlussfolgerung zusammenhängen, ist es einfacher, die Güte des Arguments zu bewerten. Manchmal müssen sogar einfache Aussagen detailliert analysiert werden, um exakt deren Bedeutung zu bestimmen. Bertrand Russell hielt es für wichtig, dass Philosophen die zugrundeliegende „logische Form" ihres Beitrags sorgfältig in eine gewöhnliche Sprache verpacken. Denn damit wir uns ein Urteil erlauben können, müssen wir zuerst die Bedeutung kennen.

Russell war Anti-Kriegs-Aktivist und wurde zweimal von der britischen Regierung inhaftiert.

Siehe auch: 90–91, 92–93

Logische Analyse

Vielleicht am bekanntesten ist Russell für seine „Theorie der Beschreibungen". Eine Beschreibung ist eine Phrase wie „die Königin von England" oder „der Planet Erde". Wir nutzen eine Beschreibung, um etwas Wahres oder Falsches über eine Person oder eine Sache zu sagen, etwa: „Die Königin von England lebt in einem Palast." Das Problem: Einige Phrasen sehen so aus, als würden sie sich auf eine spezielle Person oder eine Sache beziehen, in Wirklichkeit jedoch verweisen sie auf nichts. Der Satz z. B. „Der König von Frankreich ist kahl" scheint etwas auszusagen – doch Frankreich hat keinen König, deshalb verweist diese Phrase auf gar nichts. Als Beschreibung taugt sie nicht, denn die Definition einer Beschreibung ist eine Phrase mit Bezug. Russell sagte, dass der Schlüssel für die Bildung bedeutungsvoller Phrasen darin liegt, dass der Satz statt

LOGISCHE SUMMEN

Zwischen 1910 und 1913 veröffentlichten Russell und sein früherer Lehrer, Alfred North Whitehead, ein dreibändiges Werk über Logik, *Principia Mathematica*. Darin legten sie dar, dass die Arithmetik von den Grundprinzipien der Logik abstammt und Mathematik eigentlich ein philosophischer Zweig ist.

die **Logik?**

einer Behauptung drei Behauptungen umfasst. Um die wahre logische Form eines Satzes zu finden (und dann zu bewerten, ob er wahr oder falsch ist), müssen wir diesen erst zerlegen: (1) Es gibt zumindest einen französischen König, und (2) höchstens einen französischen König und (3) gibt es einen solchen König, dann ist er kahl. Nun ist der Satz aussagekräftig, aber falsch, wenn es keinen französischen König gibt. Russells Analyse löst das Problem, wie bezuglose Phrasen in sinnvoller Weise genutzt werden können, um wahre oder falsche Behauptungen aufzustellen.

Niemanden sehen

Andere Ausdrücke wie „niemand“ oder „alles“ schaffen ebenfalls keinen Bezug. Philosophen sprechen von Quantifizierern. Nehmen wir das Zitat von Lewis Carroll (ebenfalls ein Logiker und von Russells Arbeit fasziniert) aus „Alice hinter den Spiegeln“: „‚Ich sehe niemanden auf der Straße‘, sagt Alice. ‚Ich wünschte, ich hätte solche Augen‘, erwiderte der König im weinerlichen Tonfall, ‚niemanden sehen zu können!‘“ Hier behandelt der König „niemand“ so, als würde sich dies auf jemanden beziehen; doch so wurde es nicht verwendet. Was Alice wirklich sagen wollte, ist, dass die Zahl der Menschen, die sie auf der Straße sah, null war.

➲ Logik in der Sprache
Bevor wir herausfinden, ob die Aussage „Der massive goldfarbene Berg befindet sich in Tibet“ wahr ist oder nicht, müssen wir sie logisch zerlegen, damit wir sicher die Bedeutung verstehen.

Es muss eine **logische**

Philosophen haben über das Universum und unseren Platz darin viele Theorien verfasst und diese mit logischen Argumenten gesichert. Obwohl wir die Sprache haben, um physische Dinge zu beschreiben, kann diese unzureichend sein, um Dinge wie etwa den religiösen Glauben oder Themen wie Moral und Ethik zu diskutieren.

↑ Sprachbausteine bilden
Nach Ludwig Wittgensteins früher Philosophie machen wir uns durch Einsatz der Sprache ein „Bild von der Welt". Wir stellen Behauptungen auf, die wahre oder falsche Dinge über die Welt enthalten, deshalb spiegelt die Struktur der Sprache die Struktur der Welt.

Ein Bild von der Welt machen

Wie viele andere Philosophen vor ihm wollte auch Ludwig Wittgenstein wissen, ob es Grenzen des Verständnisses von der Welt gibt. Sein Ansatz bestand darin, zu erforschen, wie wir die Sprache benutzen, um unsere Gedanken über die Welt zu artikulieren. In dem Versuch, die Welt zu verstehen und zu erklären, beschreiben wir, so Wittgenstein, die Welt: Mithilfe der Sprache ist es möglich, uns „ein Bild" von ihr zu machen. Die Welt besitzt eine Struktur, und die Sprache, die wir für die Darstellung nutzen, hat dieselbe Struktur. Wir können Namen verwenden, z.B. „Hund", um wirkliche Dinge zu benennen – die Bausteine der Sprache. Diese Namen können wir unterschiedlich kombinieren, um weitere unterschiedliche Behauptungen oder „Bilder" über diese und von der Welt zu erzeugen. So etwa „Der Hund bellt." Die Aussagen können wahr oder falsch sein – unsere Aussage stimmt, wenn der Hund bellt, tut er dies nicht, ist sie falsch.

> **DIE GRENZEN MEINER SPRACHE BEDEUTEN DIE GRENZEN MEINER WELT.**
>
> LUDWIG WITTGENSTEIN

Die Grenzen der Sprache

Ludwig Wittgenstein hielt seine Arbeit geheim und verschloss sie in einem Safe.

Unsere Behauptungen müssen aus Namen bestehen, die Elemente der Welt, die wir erfahren haben, kennzeichnen. Wittgenstein behauptete, dass eine aussagekräftige Sprache auf solche Behauptungen beschränkt ist. Seiner Ansicht nach sind Aussagen hinsichtlich Ethik, Moral, Metaphysik und Religion nicht aussagekräftig. Sie „bilden" nichts ab, und so gelingt es ihnen nicht, irgendetwas zu bekräftigen. Trotzdem, so Wittgenstein, sind sie in der Lage, uns etwas zu zeigen, auch „mystische" Dinge, die nicht in Worte gefasst werden können.

Private und öffentliche Sprache

Später änderte Wittgenstein seine Meinung. Er mutmaßte, dass Sprache auf vielfältige Art genutzt wird, nicht nur, um Behauptungen über die Welt aufzustellen.

Erklärung geben

Er entwickelte daraufhin eine andere Philosophie. Diese unterstrich, dass Sprache eine Art Tool-Box ist: Sie enthält eine große Bandbreite an Ausdrücken, die ganz unterschiedlich eingesetzt werden können. Doch Wittgensteins wohl bekanntestes Argument aus der Spätzeit ist sein „Privatsprachen-Argument". Er versicherte, dass wir private Erfahrungen oder subjektive (etwa das Gefühl von Schmerz) nicht in sinnvoller Weise mit Bezeichnungen etikettieren können. Deshalb sei die Privatsprache nichtssagend. Wittgenstein glaubte, es müsse auch eine „öffentliche" Sprache geben, in der die Wörter ihre Bedeutung aus der Art, in der wir sie benutzen, erlangen. Ein Wort oder eine Aussage meint nicht etwas Spezifisches, sondern hängt vom Kontext ab, in dem es eingesetzt wird. Laut Wittgenstein resultieren alle philosophischen Probleme aus der linguistischen Verwirrung, die aus der Art der Sprachbenutzung entsteht. Daher argumentierte er, für derartige Probleme seien keine Lösungen nötig, uns müsse nur klar sein, dass es zunächst kein Problem gegeben habe.

KÄFER IN EINER SCHACHTEL

Um seine Idee von der Privatsprache zu veranschaulichen, griff Wittgenstein auf die Analogie zurück, dass jeder eine Schachtel besitzt, in der etwas steckt, was andere nicht sehen. Nennen wir es „Käfer". Hineinblickend sagt jeder, er wisse, was ein Käfer sei – doch wir könnten etwas ganz Unterschiedliches meinen. Wenn wir das Wort „Käfer" hören, wissen wir, das ist das in meiner Schachtel – unabhängig davon, was wirklich drin steckt.

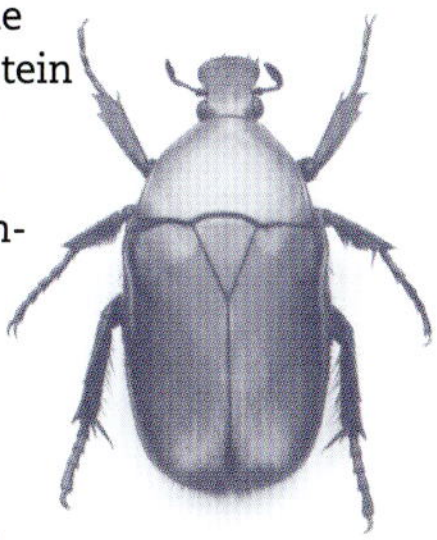

Siehe auch: 108–109

Sind **Vernunft** und

WIR SOLLTEN NICHT VERSUCHEN, ...

Die ersten Philosophen versuchten durch logisches Nachdenken die Welt zu verstehen und lieferten rationale Erklärungen statt konventionelle Überzeugungen. Doch philosophische Argumentation rechtfertigte bzw. widersprach auch religiösen Glaubensvorstellungen, und es gibt Dinge, die Vernunft allein nicht erklären kann.

Daoismus, Konfuzianismus und Buddhismus sind weder Philosophien noch Religionen, da Vernunft und Glaube Teile ihrer Weltsicht sind.

Die Unsterblichen

Auch wenn frühe griechische Philosophen alternativ zu traditionellen Überlieferungen nach rationalen Erklärungen suchten, war ihre Religion nicht gefährdet. Ihre Religionsvorstellung unterschied sich von der unseren sehr: Die Existenz unsterblicher Götter, die wie Menschen lebten und nicht vorschrieben, wie man zu leben hatte, galt als sicher. Nur wenige wagten, sich als Atheisten zu bekennen. Statt eine unsterbliche Seele zu akzeptieren, versuchten Philosophen wie Platon, den Glauben logisch zu rechtfertigen.

Christentum und Islam

Mit der zahlenmäßigen Zunahme der Christen in Europa veränderte sich die Haltung hinsichtlich des rationalen Denkens dramatisch. Alle Aspekte des mittelalterlichen Lebens wurden von der Kirche dominiert. Sie erwartete den absoluten Glauben an ihre Lehre. Theologie (das Studium von Gott und religiösen Glaubensvorstellungen) hatte Vorrang vor Philosophie, und das Erbe griechischer Philosophen wurde mit Argwohn und oft mit Feindseligkeit betrachtet. Nach und nach wurden Platons und Aristoteles' Ideen akzeptiert, aber philosophisch nachgedacht (das als gottgegebene Fähigkeit betrachtet wurde) wurde vor allem, um eine vernünftige Rechtfertigung zu finden, etwa für die Existenz von Gott, Himmel und Hölle. Der Islam dagegen sah nur wenig Unvereinbarkeit zwischen seinen Vorstellungen und denen der westlichen

Glaube vereinbar?

… ÜBER DEN GLAUBEN LOGISCH NACHZUDENKEN.

Philosophie. Neben Theologie studierten und verfeinerten Islamgelehrte die Arbeit der griechischen Philosophen und erzielten große Fortschritte in Mathematik und den Wissenschaften.

Eine säkulare Welt?

Im Zuge der Renaissance büßte die Kirche viel Macht ein. Religiöse Führer wurden durch politische ersetzt, und Gesellschaften gründeten ihre Gesetze auf Moralphilosophie statt auf göttliche Gebote. Eine wissenschaftliche Revolution wurde auf den Weg gebracht, eine Herausforderung für viele religiöse Vorstellungen. Der Gedanke, dass rationales Denken und religiöser Glaube miteinander existieren könnten, griff um sich, doch blieben sie getrennt. Diese Sicht dauert bis in die Gegenwart an – trotz des Anwachsens der materialistischen Philosophie, die behauptet, nur materielle Dinge könnten existieren. Hinzu kamen im 19. Jahrhundert jene Philosophen, die überzeugt waren, in der Welt sei kein Platz für Dinge, die man nicht mit Vernunft erklären könne. Heute akzeptieren die meisten, dass sich einige Dinge nicht rational beweisen lassen und dass Philosophie und Wissenschaft nicht alles beantworten können. Und obwohl logisches Denken und vor allem die Wissenschaft einige der grundlegenden Vorstellungen der Religion widerlegen könnten, gibt es unter ihnen eine Vielzahl von Vertretern, die gläubig sind. Wenn vernünftige und wissenschaftliche Argumente auf Grundlage eines religiösen oder politischen Dogmas verneint werden, lässt sich keine vernünftige Debatte mehr führen.

> VERSUCHE NICHT ZU VERSTEHEN, UM ZU GLAUBEN, ABER GLAUBE, DASS DU VERSTEHEN KÖNNTEST.
>
> AUGUSTINUS VON HIPPO

Siehe auch: 44–45, 66–67

Logik
IN DER PRAXIS

LÖSUNGEN FINDEN

In vielen Jobs geht es um Problemlösung oder Entscheidungsfindung. Bevor wir agieren, ist es wichtig, über die Aufgabe und die möglichen Optionen nachzudenken. Durch die Analyse eines Problems erkennen wir die logischen Konsequenzen besser und können unsere Vorgehensweise planen.

KRAFT DER ÜBERZEUGUNG

Oft wollen wir andere Menschen von unserem Standpunkt und unseren Ideen überzeugen. Das kann in Form einer förmlichen Debatte oder Präsentation erfolgen oder einfach in einer Diskussion unter Freunden. In welcher Situation auch immer wir einen Fall mithilfe eines logischen Arguments darlegen, unsere Meinung gewinnt dadurch mehr Gewicht.

BESSERES ARGUMENT

Anwälte stützen ihre Fälle auf den verfügbaren Beweis und wie dieser zu den Gesetzen des Landes in Beziehung steht. Um einen Richter zu überzeugen und ihre Rechtssache jenseits aller vernünftigen Zweifel zu gewinnen, müssen sie ein logisches Argument vorbringen und auf die Unstimmigkeiten der Gegenargumente verweisen.

FINANZIELLE ANGELEGENHEITEN

Die Wirtschaftspolitik unterschiedlicher politischer Parteien ist sehr oft gegensätzlich, doch alle behaupten, den besten Weg zur Erlangung von Wohlstand zu kennen. Um zwischen ihnen zu entscheiden, müssen wir sowohl die Stärke ihrer Argumente als auch die logischen Folgen ihrer Politik beurteilen können.

LOGISCHES LERNEN

Bei jeder Aufgabe ist es sinnvoll, die Gedanken klar und logisch zu strukturieren. Besonders hilfreich ist es im Studium und beim Lernen. Es ist effektiver, ein Projekt zu bewältigen oder sich auf eine Prüfung vorzubereiten, wenn dies methodisch geschieht. Ist die Info logisch, ist sie einfacher zu verstehen und zu erinnern.

FORSCHUNGSFORTSCHRITT

Naturwissenschaften stützen sich auf induktive Argumente, abgeleitet aus Beobachtungen und Experimenten. Die zur Prüfung eingesetzten Methoden werden ständig verfeinert und zeigen die Schwäche bereits bestehender Theorien auf. Gleichzeitig ebnen sie den Weg für neue Entdeckungen, die Fortschritt bringen.

Logik entwickelte sich als ein Mittel zur Darlegung und Analyse philosophischer Argumente. Die Prinzipien der Logik jedoch können auf Argumente übertragen werden, die irgendeinen Glauben oder eine Theorie stützen. Wir können rationales Denken – unsere Fähigkeit zur Vernunft – auf nahezu alles anwenden, und Logik liefert einen Rahmen für unsere Denkweise.

MÄCHTIGE MASCHINEN

Für Computerwissenschaft und Informationstechnologie ist Logik unerlässlich. Eine Maschine zu programmieren erfordert, die zu leistende Aufgabe in eine Serie aus logischen Einzelschritten zu zerlegen. Fortschritte in mathematischer Logik haben zu einer Ausweitung der Anwendungen geführt und die Sicherheit erhöht (etwa Schutz vor Identitätsraub).

SCHLECHTE WISSENSCHAFT

Aussagen zur „alternativen" Medizin sind häufig, besondere Ernährung verspricht wunderbare Ergebnisse. Scheinen sie zu gut, um wahr zu sein, liegt es daran, dass der Beweis für ihre Wirksamkeit fehlt. Bevor sie als wirksam und sicher gelten, müssen sie mit sauberen wissenschaftlichen Methoden getestet werden.

Was ist **richtig**, was **falsch**?

Es gibt kein GUT und kein BÖSE

Was ist ein GUTES LEBEN?

RICHTIG und FALSCH: Alles ist relativ …

Heiligt der ZWECK die MITTEL?

In welcher GESELLSCHAFT würdest du gern leben?

Was ist eine ZIVILISIERTE Gesellschaft?

Gibt es beides – FREIHEIT und GERECHTIGKEIT?

Es gibt keine GLEICHEN Rechte

Was hatte GOTT damit zu tun?

Spielen wir GOTT?

Was ist KUNST?

Moralphilosophie oder Ethik befasst sich mit der Frage, welche Handlungen richtig oder falsch sind und wie wir unser Leben am besten führen können. Sie ist eng verbunden mit der politischen Philosophie, die sich mit Vorstellungen von Gerechtigkeit und Freiheit beschäftigt und mit der Frage, wie wir unsere Gesellschaften strukturieren und regieren.

Es gibt kein und kein

Ein Großteil der Philosophie ist mit Fragen befasst, welche die Welt und unser Verständnis von ihr betreffen – und oft wirkt sie dabei etwas alltagsfremd. Die Moralphilosophie oder Ethik jedoch überprüft unsere Vorstellungen von Gut und Böse, Richtig und Falsch sowie die moralische Grundlage für unser Urteilen und Handeln.

Was ist Tugend?

Die Moralphilosophie entwickelte sich als Versuch, nach einer rationalen Erklärung für allgemein anerkannte Überzeugungen zu suchen. Was gut und schlecht, richtig und falsch ist, wurde meist in Form von Geboten der Religion oder Tradition vorgeschrieben. Philosophen wie Sokrates wollten dies nicht hinnehmen und benannten deshalb die Merkmale der Handlungen, die sie moralisch entweder gut oder schlecht machten. Sokrates näherte sich dem Problem, indem er die konventionellen Vorstellungen bestritt. Mit der fundamentalen Frage „Was ist Tugend?" wollte er die moralischen Eigenschaften von Gut und Schlecht, die wir als Grundlage für unser Urteil heranziehen, deutlich machen. Moralphilosophie versucht diese moralischen Merkmale mithilfe rationaler Argumente zu bestimmen.

Das Ist-/Sollte-Problem

David Hume glaubte nicht, dass Moral mit logischen Argumenten zu messen sei. Damit könnten wir zwar

Siehe auch: 14–15, 110–111

PRIVAT UND POLITISCH

Die Moralphilosophie befasst sich damit, wie wir eine Handlung als gut oder schlecht beurteilen. Genauso wie unser eigener Moralkodex entscheidet, was wir für richtig und falsch halten, entscheiden Gesetze, die auf ethischen Bewertungen fußen. Das verhindert nicht nur Verbrechen und Ungerechtigkeit, sondern bestimmt auch, wie unsere Gesellschaften regiert werden.

DIE SITTENREGELN SIND FOLGLICH KEINE ERGEBNISSE UNSERER VERNUNFT.

DAVID HUME

Gut Böse

MORAL IST EIN GEFÜHL, KEINE ERKENNTNIS.

A. J. AYER

Daumen nach unten
David Hume und A. J. Ayer glaubten, dass man über Moral nicht vernunftgemäß urteilen kann, weil unsere subjektiven Gefühle bestimmen, ob wir eine Handlung oder Meinung als moralisch richtig oder falsch werten.

nachweisen, wie etwas sei, aber, so Hume, es würde sich von der Aussage, wie etwas sein sollte, unterscheiden. Denn es gebe einen Unterschied zwischen der Welt der Fakten und der Welt der Werte. Wir können ein „Sollte" nicht von einem „Ist" ableiten, deshalb kann nach Hume Vernunft nicht die Grundlage für ein moralisches Urteil sein. Seiner Ansicht nach begingen viele Moralphilosophen den Fehler, Fakten durch Überlegung zu schaffen und dann einen moralischen Wert ohne Rechtfertigung daraus abzuleiten: Die Regeln der Moral könnten keine Schlussfolgerungen eines logischen Arguments sein. Hume war überzeugt, dass das, was er „Leidenschaften" nannte (unsere Emotionen und instinktiven Triebe), unsere Vorstellungen und unser Verhalten prägen, welche wir im Anschluss beurteilen können. Zudem besäßen wir eine „Empfindung", einen moralischen Sinn, der unsere ethischen Entscheidungen leite.

Das Wort Moral leitet sich vom lateinischen Wort *moralitas* ab und bedeutet „gutes Verhalten".

Pfui! Hurra!

Andere Philosophen waren bezüglich der Frage, ob die Vernunft Regeln der Moral untermauern könne oder nicht, ebenso skeptisch. Humes Ideen wiederholend, vermutete der britische Philosoph A. J. Ayer in den 1930er-Jahren, dass Aussagen über Moral scheinbar Fakten bekundeten, doch in Wirklichkeit nur eine persönliche Einstellung spiegelten. Eine Regel wie etwa „Töten ist falsch" erscheint wie eine Tatsache. Nach Ayer drückt diese jedoch nur eine missbilligende Einstellung gegenüber dem Töten aus – als würde man sagen: „Pfui, Töten!" Dasselbe gelte für „Wohltätigkeit ist gut." Dies drücke aus, wie der Sprecher über Wohltätigkeit denkt („Hurra, Wohltätigkeit!"). Doch wie beim „Töten ist falsch" sei die Aussage weder wahr noch falsch. Ayer behauptete, alle Moralregeln seien bedeutungslos – sie könnten nur die Emotionen eines Menschen spiegeln. Auf der anderen Seite sei „Ich missbillige das Töten" eine bedeutungsvolle Aussage. Es bekunde eine Tatsache über einen selbst, und diese Tatsache könne falsch sein (man könnte lügen). Ayers Theorie ist als Expressivismus oder Emotivismus oder als „Pfui-/Hurra-Theorie" bekannt.

Was ist ein gutes Leben?

Unser moralisches Urteil entscheidet darüber, was wir gut und schlecht finden und wie wir uns in bestimmten Situationen verhalten. Zudem orientieren wir uns in unserem Leben an allgemeinen moralischen Vorstellungen für korrektes Verhalten. Und manchmal steht ein moralisch einwandfreies Leben auch für ein glückliches Leben.

> ES IST UNMÖGLICH, EHRENHAFT UND RICHTIG ZU LEBEN, OHNE ZUGLEICH ANGENEHM ZU LEBEN.
>
> EPIKUR

Ein tugendhaftes Leben führen

Teil der antiken griechischen Kultur war die Vorstellung von einem „guten Leben“, nach dem jeder streben solle. Die Griechen nannten dies *eudaimonia* („Glückseligkeit“). Sie verkörpert die Vorstellung nicht nur eines moralisch guten Lebens, sondern auch die eines zufriedenen und guten – heute sprechen wir von einem „erfüllten Leben“. Moralisch korrektes Verhalten führt demnach zu einem erfüllten Leben, weil wir zufrieden sind, wenn wir nach Grundsätzen handeln, und uns unwohl fühlen, wenn wir etwas ethisch Falsches tun. Philosophen versuchten festzulegen, was moralisch gute oder schlechte Dinge sind und was „Tugendhaftigkeit“, ein zentrales Element für ein gutes und glückliches Leben.

Das volle Potenzial ausschöpfen

Im alten Griechenland nutzte man das Wort *arete* für „Tugend“, in Wirklichkeit bedeutet es zugleich ein „gutes Leben“. Ebenso wie die Vorstellung von moralischer Korrektheit wohnt dem Begriff auch die Idee von Qualität inne und dass es tugendhaft sei, sein volles Potenzial zu entfalten. Sokrates behauptete, um tugendhaft handeln zu können, sei es nötig zu wissen, was *arete*

NATURALISTISCHER IRRTUM

Nach G. E. Moore sollten ethische Begriffe wie „gut“ und faktische wie „angenehm“ nicht vermischt werden. Es sei ein Fehler zu glauben, dass „gut“ dasselbe wie „angenehm“ bedeute, das eine natürliche Eigenschaft von etwas beschreibt. Ethische Begriffe sind nicht faktisch – sie nehmen keinen Bezug auf reale Dinge, sondern beschreiben nicht natürliche Eigenschaften, die wir intuitiv oder moralisch erkennen.

Siehe auch: 118–119, 124–125, 128–129

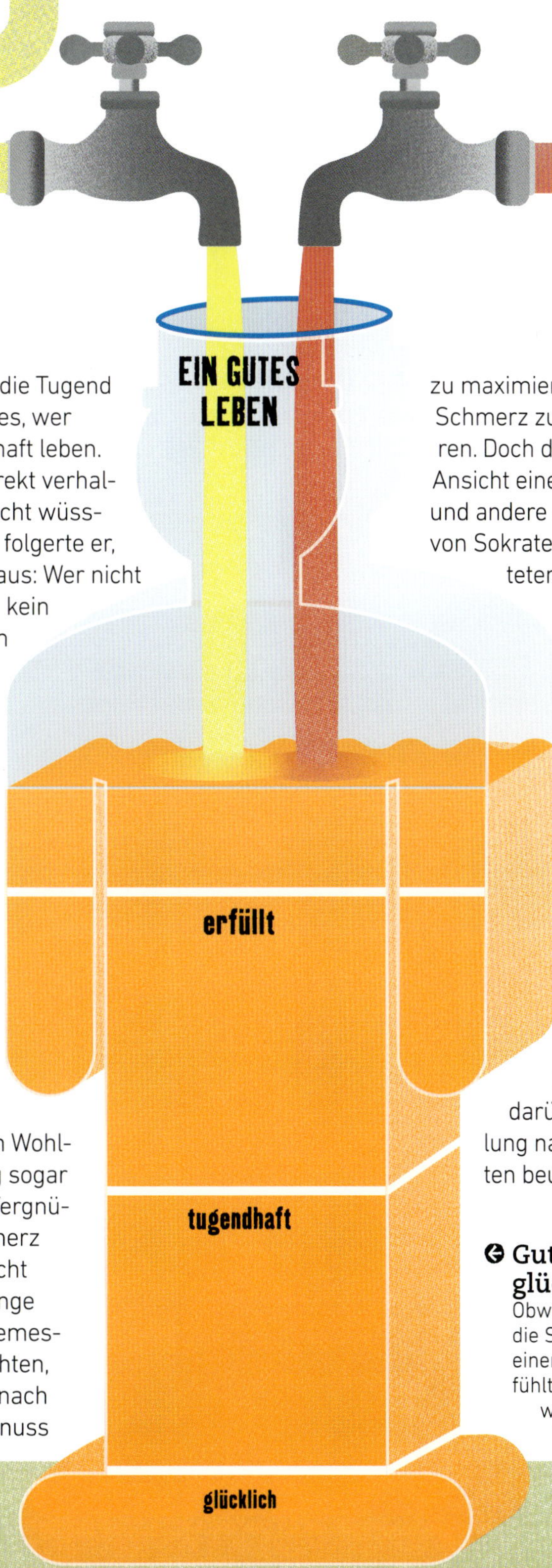

Der Kyniker Diogenes lehnte irdische Vergnügungen ab und schlief deshalb in einer Tonne.

sei – jene Eigenschaften, die die Tugend ausmachen. Denn, so Sokrates, wer *arete* besäße, müsse tugendhaft leben. Menschen, die sich nicht korrekt verhalten, täten dies nur, weil sie nicht wüssten, was Tugend ist. *Arete*, so folgerte er, reiche für ein „gutes Leben“ aus: Wer nicht wisse, was Tugend ist, könne kein korrektes und erfülltes Leben führen, doch wisse man es, ginge es gar nicht anders, als ein korrektes und erfülltes Leben zu haben.

Tugend oder Vergnügen?

Andere Philosophen wie Aristoteles stimmten dem zu. Tugend sei für ein gutes und glückliches Leben nötig, doch reichen würde es nicht. Zu einem erfüllten Leben trügen auch Freunde und Familie, Gesundheit und materieller Komfort bei, auch Wohlstand und Macht. Epikur ging sogar so weit zu behaupten, dass Vergnügen das Größte sei und Schmerz das größte Übel. Seiner Ansicht nach könne Moral an der Menge von Genuss oder Schmerz gemessen werden, die sie verursachten, und so bestehe das Streben nach einem guten Leben darin, Genuss zu maximieren und Schmerz zu minimieren. Doch das war die Ansicht einer Minderheit, und andere Schulen übernahmen die Sicht von Sokrates. Die Kyniker etwa befürworteten ein einfaches tugendhaftes Leben in Übereinstimmung mit der Natur und lehnten jeglichen rein sinnlichen Genuss ab. Später traten die Stoiker für ein Leben ein, in dem externe Faktoren wie Gesundheit, Wohlstand und Macht, die Genuss bereiten, unerheblich sind und die, welche Schmerz zufügen, erduldet werden müssen. Die Spaltung zwischen diesen Ausrichtungen tauchte bei späteren Vertretern der Moral- und politischen Philosophie wieder auf. Sie stritten darüber, ob die Moral einer Handlung nach deren Folgen oder Absichten beurteilt werden sollte.

Gutes Leben = glückliches Leben
Obwohl Sokrates, die Kyniker und die Stoiker ein gutes Leben mit einem tugendhaften gleichsetzten, fühlten Aristoteles und Epikur, dass wir für unsere Erfüllung sowohl Tugend als auch Genuss brauchen.

SOKRATES

469–399 v. Chr.

Der Sohn eines Steinmetzes und einer Hebamme kam 469 v. Chr. in Athen zur Welt. Er gilt als erster bedeutender westlicher Philosoph, wenngleich sein Leben rätselhaft bleibt. Er hinterließ keine unmittelbaren Schriften. Was wir also über ihn zu wissen glauben, stammt aus Werken anderer, vor allem von seinen Schülern Platon und Xenophon, dem Historiker.

Alle Berichte über Sokrates beschreiben ihn als hässlich: klein und untersetzt, mit hervortretenden Augen, die einen stets anzustarren schienen.

BERUFSWECHSEL

Nach seiner Arbeit als Steinmetz diente Sokrates im Peloponnesischen Krieg in der Armee Athens gegen Sparta. Er kämpfte in drei Feldzügen, war u. a. bei der Belagerung von Potidaia dabei, wo er das Leben des Generals Alkibiades rettete. Nach Hause zurückgekehrt, wurde er Vollzeitphilosoph und nutzte Athen als öffentliches Klassenzimmer.

SOKRATISCHE METHODE

Sokrates sprach mit jedem, der wollte, und seine Methode, Themen zu lehren und zu erforschen, ging als Sokratische Methode in die Geschichte ein. Er übernahm dabei eine unwissende Position, bevor er forschende und klärende Fragen stellte, die Wissenslücken oder die fehlende Logik eines Arguments aufdeckten – eine ideale Verständnisgrundlage.

DER BEOBACHTER

Sokrates richtete seine Philosophie direkt auf den Menschen aus. Er behauptete, Menschen, die sich selbst kennen würden, besäßen die ultimative Weisheit. Sich selbst betrachtete er als „Weltbürger". Die beste Regierungsform war für ihn nicht die Demokratie oder Diktatur, sondern eine Regierung, die aus den Fähigsten bestand – eine Ansicht, die manchen Athener ärgerte.

„Ein Leben ohne **Selbsterforschung** verdient nicht, gelebt zu werden."

UNTER ANKLAGE

Sokrates' Ansichten brachten ihm in Athen politische Feinde ein, und 400 v. Chr. wurde er angeklagt, den Geist seiner jungen Studenten zu verderben. 500 Bürger Athens oder mehr befanden ihn für schuldig und verurteilten ihn zum Tode. Er konnte fliehen und richtete sich selbst ein Jahr später hin, als er einen Becher giftigen Schierlings trank.

Richtig und falsch:

Wohl die meisten stimmen ohne zu zögern zu, dass Völkermord und Folter moralisch falsch sind, egal um wen es geht. Doch ist das wahr? Einige Philosophen argumentieren, dass jegliche Moral, abhängig von der Kultur, relativ ist, andere dagegen halten daran fest, dass es zumindest einige absolute moralische Werte gibt.

Siehe auch: 118–119, 120–121

Unsere Werte sind subjektiv

Während Sokrates und andere antike Philosophen die Eigenschaften der Tugend ermitteln wollten, um das, was Moral ausmacht, zu bestimmen, gab es eine weitere Gruppe von Denkern, die glaubten, dass es auf die Frage nach Richtig oder Falsch keine einfache Antwort gäbe. Die Sophisten waren ursprünglich Juristen, die für ein Honorar ihre Fertigkeiten in Rhetorik und Debatten einsetzten, um Fälle vor Gericht zu vertreten. Häufig beanspruchten alle gegnerischen Klienten, Recht zu haben. Daraus entwickelten Philosophen wie Protagoras den Gedanken, dass jedes Argument mehr als eine Seite hat und Vorstellungen von Richtig und Falsch von der Wahrnehmung einer Person abhängen – Moral beruhe auf subjektiven Werten. Was richtig oder falsch ist, wird größtenteils von Kultur und Traditionen einer sozialen Gruppe bestimmt, deshalb muss die Moralität jeglicher Behauptung oder Handlung in Relation zu dem beurteilt werden, was in dieser Gruppe als akzeptabel gilt.

Kindern muss man den Unterschied zwischen Richtig und Falsch vermitteln – sie lernen die Moralvorstellungen ihrer eigenen Gesellschaft.

Es liegt ganz bei dir

Die Ansicht, dass Richtigkeit oder Unrichtigkeit von den Normen unterschiedlicher sozialer Gruppen abhängt, wird als Relativismus bezeichnet. Kulturen pflegen unterschiedliche Gewohnheiten, und ihre Einstellungen darüber, was ethisch korrekt ist, können sich mit der Zeit wandeln. Sklaverei z.B. war im antiken Griechenland anerkannt, heute ist das undenkbar. Genauso

WAHLFREIHEIT

Immanuel Kant schlug vor, dass sich Moral wie Wissenschaft auf Vernunft gründet, und moralische Gesetze keine Ausnahmen zulassen – etwas, das die Vernunft für moralisch richtig hält, müsse immer richtig sein. Wir sollten uns vom „Kategorischen Imperativ" leiten lassen: „Handle nur nach derjenigen Maxime, durch die du zugleich wollen kannst, dass sie ein allgemeines Gesetz werde."

EIN ARGUMENT HAT MEHR ALS EINE SEITE.

Alles ist relativ …

variiert die Meinung nicht nur von Land zu Land, sondern auch innerhalb der Länder, wenn es z. B. um die Rechtfertigung der Todesstrafe geht. Für den Relativisten ist Moral einfach das, was der Einzelne oder vielleicht die Mehrheit der Menschen in einer bestimmten Zeit und an einem bestimmten Ort gutheißen. So gesehen sind moralische Rechtfertigungen eine Sache von Meinung oder Geschmack. Wenn wir das Gefühl haben, etwas sei moralisch falsch, ist das für uns wahr. Für diejenigen, die anders empfinden, ist das falsch. Eine objektive Wahrheit gibt es nicht.

> **DER MENSCH IST DAS MASS ALLER DINGE.**
>
> PROTAGORAS

Nicht alles ist relativ

Der Relativismus dient dazu, insbesondere in einer multikulturellen Gesellschaft eine größere Toleranz gegenüber den Ansichten und Sitten anderer Menschen zu rechtfertigen. Doch die Vorstellung, dass wir moralische Ansprüche nicht kritisieren können, etwa brutale Strafsysteme, die in anderen Kulturen akzeptiert sind, ist schwer erträglich. Wenn Moral nur eine Sache der kulturellen Meinung ist, sind selbst Tyrannei und Genozide kaum zu verurteilen. Treibt man dies auf die Spitze, lässt Relativismus uns glauben, dass „alles geht". Doch auch wenn Gesellschaften und Individuen viele Moralvorstellungen ablehnen, werden bestimmte Dinge nahezu universal als falsch betrachtet. Viele glauben, dass es absolute Moralwerte gibt, etwa, dass Stehlen falsch ist, und diese spiegeln sich in der Ethik einer jeden Kultur.

Meinungssache
Moralrelativisten behaupteten, die Meinung über Richtig oder Falsch sei von Kultur zu Kultur unterschiedlich, eine objektive Wahrheit gebe es nicht. Die meisten Menschen stimmen dem nicht zu.

Heiligt der **Zweck**

Bei einem ethischen Problem gibt es zahlreiche Faktoren zu bedenken. Wir können unsere Entscheidung über Richtig oder Falsch unabhängig von den Konsequenzen nach einem strikten Moralkodex ausrichten. Oder wir prüfen die Folgen unserer Entscheidung: Doch sind Konsequenzen, moralisch gesprochen, alles, was zählt?

> **DIES IST SO ZU VERSTEHEN, DASS EIN FÜRST NICHT ALL DAS BEACHTEN KANN, WAS BEI ANDEREN MENSCHEN FÜR GUT GILT.**
>
> NICCOLÒ MACHIAVELLI

Das Ergebnis zählt

Im Mittelalter wurden Moralvorstellungen mehr von Religion als Philosophie geprägt. Die heiligen Schriften des Judentums, Christentums und des Islam, die als Wort Gottes galten, enthielten Gesetze, die Gut und Böse bestimmten. In Europa begann die Macht der Kirche in der Zeit der Renaissance zu bröckeln, und Nationen entstanden, die von weltlichen Herrschern mithilfe von Menschen gemachten Gesetzen regiert wurden. Ihnen zur Seite standen meist Berater. Einer von ihnen, der Italiener Niccolò Machiavelli, schrieb ein berühmtes Handbuch, *Der Fürst*. Hierin empfahl er, dass die persönliche Moral politische Entscheidungen nicht beeinflussen sollte. Ein Herrscher müsse zugunsten des Staates auch unmoralisch handeln können (z. B. durch Einsatz von Gewalt oder Betrug). Auch wenn er Herrschern nicht vorschrieb, was sie zu tun hatten, hatte Machiavellis Botschaft, der Zweck heilige die Mittel, einen nachhaltigen Einfluss. Moral, so deutete er an, sollte nach den Folgen der Handlungen beurteilt werden, nicht nach den Handlungen selbst.

Jemand ohne Moralprinzipien kann als „machiavellisch" bezeichnet werden.

Viele Menschen zufriedenstellen

Seit Machiavellis Zeiten verlor die Kirche mehr und mehr Einfluss auf die gesellschaftliche Ordnung, und Moralphilosophie wurde nicht mehr nur herangezogen, um religiöse Moralregeln zu stützen. Stattdessen empfahlen Philosophen alternative Modelle, die auf Vernunft statt auf Dogma gründeten. Ethische Systeme formierten sich, die statt auf absoluten Moralwerten auf den Folgen der Handlungen bauten. Das vielleicht wichtigste System entwickelte der englische Philosoph Jeremy Bentham. Er empfahl, die Moral einer Handlung zu beurteilen, indem man ihre positiven und schädlichen Folgen gegeneinander aufwiege. Diese, so Bentham, lassen sich messen an der Menge des Vergnügens oder des Schmerzes, die sie auslösen, und an

GOLDENE REGEL

Im Zentrum nahezu jedes moralphilosophischen Systems und vieler Religionen gibt es eine „goldene Regel", bekannt als: „Was du nicht willst, dass man dir tu, das füg auch keinem anderen zu." Es ist das Prinzip der Gegenseitigkeit – dass wir andere so behandeln, wie wir selbst gern behandelt werden möchten.

> **DAS GRÖSSTE GLÜCK DER GRÖSSTEN ZAHL IST DIE GRUNDLAGE FÜR MORAL UND GESETZGEBUNG.**
>
> JEREMY BENTHAM

Siehe auch: 112–113, 124–125

die **Mittel?**

Glückliche Massen
Jeremy Bentham empfahl, Entscheidungen auf Grundlage der Folgen dieser Entscheidungen zu treffen – was viele Menschen glücklich mache, sei moralisch gut.

der Zahl der Menschen, die betroffen sind. Die Ergebnisse könnten mathematisch kalkuliert werden – Bentham nannte das die „Kalkulation der Glückseligkeit". Etwas ist moralisch gut, wenn es Vergnügen maximiert und Schmerz minimiert: Was der größten Zahl Menschen Glück bringt, ist, so Bentham, das Maß für Richtig und Falsch.

Wir haben eine moralische Pflicht

Einige Philosophen akzeptierten diese Vorstellung von Moral jedoch nicht. So glaubte Immanuel Kant, dass etwas entweder richtig oder falsch sei, und dass es keine Ausnahmen gebe: Moral ist eine Pflicht und sollte nicht nach den Folgen beurteilt werden, egal wie schädlich oder positiv diese sein mögen. Wenn wir z.B. glauben, zu lügen sei falsch, würde Kant behaupten, dass es unsere moralische Pflicht sei, stets die Wahrheit zu sagen. Selbst eine „Notlüge" zum Schutz anderer – einer gewalttätigen Gruppe nicht zu verraten, wo unser Freund steckt – wäre nach Kant moralisch verwerflich. Er betonte, dass wir alle die Freiheit haben, zu entscheiden, was wir für moralisch korrekt halten. Wir müssen nur diejenigen Dinge auswählen, die wir als unzerstörbare Regeln akzeptieren wollen.

In welcher **Gesellschaft** würdest du gern leben?

Moralphilosophie befasst sich mit Vorstellungen von Richtig und Falsch oder Gut und Schlecht sowie mit den Kriterien, die wir zur Beurteilung moralischer Aussagen heranziehen. Eng damit verbunden ist, wie sie unser Sozialverhalten und die Art, wie wir unsere Gesellschaften organisieren, beeinflussen – das ist Geschäft der politischen Philosophie.

DER MENSCH IST EIN VON NATUR POLITISCHES [...] LEBEWESEN.

ARISTOTELES

Moral und Stadtstaaten

Die westliche Philosophie entstand in Griechenland zeitgleich mit der Einführung der griechischen Zivilisation als kulturelle und politische Macht. Menschen siedelten sich in Stadtstaaten oder in der *Polis* an, die von unterschiedlichen Regierungsformen organisiert wurden. Insbesondere in einer *Polis*, in Athen, richteten Philosophen ihre Aufmerksamkeit schnell auf Themen wie Tugend und Ethik sowie auf die Moral und Politik des Stadtstaates. Das Konzept eines „guten Lebens" galt nicht nur für die einzelnen Bürger, sondern auch für den Stadtstaat als Ganzes. Bürgerliche Gesellschaften müssen organisiert werden, damit die Menschen gut leben können, gleichzeitig muss sichergestellt sein, dass die Bürger Freiheit und Gerechtigkeit in Anspruch nehmen können. Politische Philosophie entwickelte sich nicht nur, um über die Organisation von Gesellschaften und ihre Gesetze nachzudenken, sondern auch darüber, wer die Gesetze macht und wie diese geltend gemacht werden.

Die 25 reichsten Länder der Welt sind repräsentative Demokratien.

Die ideale Gesellschaft

Zu den ersten politischen Philosophen zählt Platon. Er beschrieb in seinem Werk *Der Staat* detailliert die ideale Gesellschaft. Seiner Ansicht nach bildeten die Menschen Gesellschaften wie die *Polis*, um nach dem Konzept der Tugend ein „gutes Leben" zu führen. Es ist Zweck des Staates, so Platon, dafür die Mittel zur Verfügung zu stellen. Einfache Bürger könne man nicht allein tugendhaft leben lassen, denn sie wüssten nicht, was die ideale Form der Tugend sein. Das, so Platon, kann nur durch philosophische Argumentation zugänglich gemacht werden. Deshalb erklärte er, dass der Staat von einer Elite mit dem entsprechenden Wissen regiert werden sollte – von Philosophen-Königen, die ihre Untertanen leiten und erziehen können. Die Vorstellung, dass einfache Bürger nicht die notwendigen Fähigkeiten

➔ Spiel um Macht
Aristoteles kategorisierte die Regierungsformen danach, wer die Macht innehatte und welche Interessen ihre Herrschaft verfolgte. Die weißen Schachfiguren stehen für die tugendhaften Regierungsformen, die schwarzen Figuren für die korrupten.

besitzen, sich selbst zu regieren, dauert bis heute an, selbst in repräsentativen Demokratien.

Regeln für dich oder das Allgemeinwohl?

Wie bei fast allen philosophischen Aspekten nahm Aristoteles auch in politischen Fragen einen von Platon abweichenden Standpunkt ein. Auf seine methodische Art analysierte er verschiedene Regierungsformen nach den Kriterien: „Wer regiert?" und „In welchem Namen?" Ein Staat kann von einem einzelnen Herrscher, von einer ausgewählten Gruppe oder von den Menschen als Ganzes regiert werden. Als „wahre" Verfassungen bezeichnete er diejenigen, die für das Allgemeinwohl herrschen: Monarchie, Aristokratie und *Politie* (siehe rechts). Im Gegensatz dazu gab es diejenigen, die im eigenen Interesse herrschten – Tyrannei, Oligarchie und Demokratie – und die er als „korrupt" und „widernatürlich" bewertete. Alles in allem war Aristoteles überzeugt, dass die *Politie* (Regierung durch die Bürger fürs Allgemeinwohl) die ideale Staatsform ist, die Demokratie (Regierung der Bürger in ihrem eigenen Interesse) jedoch die am wenigsten schädliche unter den korrupten Formen. Doch weltweit gibt es noch viele „korrupte" Regierungsformen, und einige Theokratien (Gottesstaaten, von religiösen Beamten regiert) haben das Ideal einer repräsentativen Demokratie abgelehnt.

Siehe auch: 120–121, 132–133

DEMOKRATIE

Aristoteles' Sicht auf die Demokratie als „abartig" wirkt befremdlich. Doch er bezog sich auf das klassische Athen, wo nur eine Schicht von Männern das Recht besaß, am politischen Prozess teilzunehmen. Moderne Vorstellungen von repräsentativer Demokratie (Abraham Lincolns „Regierung der Menschen, durch und für die Menschen") entsprechen eher der *Politie*.

HANNAH ARENDT

1906–1975

Johanna „Hannah“ Arendt wuchs nahe der deutschen-russischen Grenze in Königsberg (heute Kaliningrad, Russland) auf. Als Siebenjährige erlebte sie mit dem Tod ihres Vaters einen herben Verlust. Ihre Leidenschaft für Philosophie entwickelte sie schon als Teenager, und in den 1920er-Jahren studierte sie Philosophie in Marburg und Heidelberg bei Martin Heidegger und Karl Jaspers.

AUFSTIEG DER NAZIS

Arendt war in den frühen 1930er-Jahren Zeuge des Aufstiegs der NSDAP. Als Jüdin war sie von der Lehre an Universitäten ausgeschlossen, und da sie NS-Propagandatechniken erforschte, wurde sie von der Gestapo kurz inhaftiert. Aus Angst vor dem Gefängnis floh Arendt 1933 nach Paris (Frankreich). Dort arbeitete sie mit Flüchtlingsgruppen, die Deutschen halfen, ihr Land zu verlassen.

FLUCHT IN DIE USA

Als die Deutschen 1940 Frankreich eroberten, wurde Arendt in ein südfranzösisches Internierungslager geschickt. Sie konnte fliehen und erreichte mit ihrem Mann Heinrich Blücher die USA. Dort schrieb sie ihr erste bedeutende Arbeit, *Elemente und Ursprünge totaler Herrschaft* (1951), eine Grundsatzstudie der diktatorischen NS- und Stalin-Regime.

„**Keine Strafe** hat je genügend Abschreckungskraft besessen, um [...] Verbrechen zu **verhindern.**“

VOM TÄTIGEN LEBEN

1951 wurde Arendt US-Bürgerin, 1958 veröffentlichte sie *Vita activa oder Vom tätigen Leben.* Darin diskutierte sie nach einer Rückschau auf die antiken griechischen Philosophen die klassischen Ideale von Arbeit und Bürgerschaft, verteidigte persönliche politische Teilnahme und Freiheit und lehnte die Dominanz der Wirtschaft in der Politik ab.

2013 kam der Film *Hannah Arendt* in die Kinos. Thema war Arendts Berichterstattung über den Adolf-Eichmann-Prozess.

BANALITÄT DES BÖSEN

1961 nahm Arendt als Berichterstatterin am Prozess gegen Adolf Eichmann, Mitorganisator am Genozid von sechs Millionen Juden, teil. Ihr Buch *Eichmann in Jerusalem* (1963) wurde kontrovers aufgenommen. Denn darin schreibt sie, wie „schrecklich normal“ dieser Mann wirkte: Grausamkeiten werden oft nicht von teuflischen Monstern, sondern von normalen Menschen begangen werden, die ohne nachzudenken Befehle ausführen.

Was ist eine **zivilisierte** Gesellschaft?

Zivilisationen entstanden, als Menschen in größeren Gruppen lebten, erst in Dörfern, dann in Städten und Nationen. Diese Gesellschaften bieten Vorteile, u. a. Schutz und Mittel, Industrien zu entwickeln. Auf der anderen Seite müssen wir womöglich Freiheiten opfern, wenn wir ein zivilisiertes Leben genießen wollen.

Hobbes' Wunsch nach einer starken Führung ist verständlich: Er erlebte 20 Jahre Bürgerkrieg.

Der Naturzustand

Aristoteles beschrieb den Menschen bekanntlich als „politisches Wesen", der natürlicherweise in Gemeinwesen wie der *Polis*, dem griechischen Stadtstaat, lebt. Spätere Philosophen beschäftigten sich damit, wie diese Gesellschaften organisiert sein sollten. Thomas Hobbes verglich das Leben in einer zivilisierten Gesellschaft mit einem Leben „im Naturzustand". Seine Sicht auf die menschliche Natur war eine kritische. Seiner Ansicht nach würden die Menschen, sich selbst überlassen, im eigenen Interesse agieren, gemäß der Devise: „Jeder ist sich selbst der Nächste." In der Welt von Hobbes würden sie sich gegenseitig in einem ständigen Kriegszustand ausspielen, und niemand wäre in der Lage, es zu Wohlstand zu bringen, geschweige denn die schöneren Dinge im Leben zu verfolgen. Um dieses Szenario zu vermeiden, müssten einige Freiheiten zum Schutz der zivilisierten Gesellschaft aufgegeben werden.

Siehe auch: 128–129

DER NATURZUSTAND DER MENSCHEN WAR KRIEG [...] ALLER GEGEN ALLE.

THOMAS HOBBES

Der Gesellschaftsvertrag

Bürgerliche Gesellschaften entstehen, wenn ein Arrangement oder ein „Gesellschaftsvertrag" zwischen den Bürgern existiert und eine Art souveräne Autorität – eine Führung oder Regierung – die Gesetze zum Schutz der Menschen verfasst und umsetzt. Um die Gesellschaft daran zu hindern, wieder in einen anarchischen (gesetzlosen) „Naturzustand" zu verfallen, muss diese, so Hobbes, eine starke Führung haben, einen Monarchen oder souveränen Beschützer, der seine Autorität von den Menschen erhält. John Locke übernahm eine Generation später das Konzept des Gesellschaftsvertrags, hatte jedoch eine andere Vorstellung vom „Naturzustand". Seiner Ansicht nach würde es sich dabei nicht um eine Form von Anarchie handeln: Die Menschen würden sich von Natur aus mit Respekt behandeln, selbst außerhalb ziviler Gemeinwesen.

REVOLUTION

Locke und Rousseau hatten auf die Politik des 18. Jahrhunderts großen Einfluss, vor allem auf die Revolutionen in Frankreich und Amerika. Rousseaus Idee der beschnittenen Freiheit spiegelt sich im *Kommunistischen Manifest* von Karl Marx und Friedrich Engels, die die Arbeiter zur Revolution aufriefen: „Die Proletarier haben nichts in ihr zu verlieren als ihre Ketten."

Menschen orientieren sich, so Locke, an einem moralischen „Naturgesetz", und sie erkennen die natürlichen Rechte der anderen auf Nahrung, Wasser, Obdach usw. an. Zivilgesellschaften werden nicht gebildet, um uns unsere Rechte zu nehmen, sondern um sie zu gewährleisten. Der Gesellschaftsvertrag ist das Mittel, mit dem Menschen eine Regierung bestimmen können, die in ihrem Interesse als unparteiischer Richter in allen Konflikten agiert. Statt einer starken Führung, folgerte Locke, sollte eine repräsentative Regierung gewählt werden.

DER MENSCH WIRD FREI GEBOREN, ABER ÜBERALL LIEGT ER IN KETTEN.

JEAN-JACQUES ROUSSEAU

Alle Macht dem Volke

Jean-Jacques Rousseau unterbreitete eine andere Sicht des „Naturzustands", nahezu das Gegenteil von Hobbes' Konzept. Rousseau glaubte, dass Menschen frei geboren werden und harmonisch miteinander leben können, solange sie selbst die Entscheidungen treffen. Zivile Gesellschaften, so Rousseau, entstehen nicht, um Rechte und Freiheiten zu schützen, sondern um das Eigentum zu bewahren und natürliche Freiheiten zu begrenzen. Rousseau schlug vor, die Macht direkt in die Hände der Bürger zu legen. In seinem System sollten die Gesetze von den Menschen kommen – er nannte dies den „Willen der Allgemeinheit" – und zum Nutzen aller befolgt werden.

ZIVILGESELLSCHAFTEN SCHRÄNKEN UNSERE NATÜRLICHE FREIHEIT EIN.

➲ Gesellschaftliche Ketten
Hobbes und Locke sahen die schützende Rolle einer Gesellschaft. Rousseau behauptete, Eigentum und andere Gemeinwohlaspekte würden unsere Freiheit einschränken.

Menschen können nicht einfach töten

Die Frage „Was ist Gerechtigkeit?" beschäftigt Philosophen seit Sokrates. Es gibt viele verschiedene Konzepte, wie in einer Gesellschaft Gerechtigkeit herrschen kann. Alle Regierungen erlassen Regeln und Gesetze, die die Sicherheit der Bürger gewährleisten sollen. So gibt es etwa in jedem Gemeinwesen Gesetze, die Mord und Diebstahl verhindern sollen, und die Mehrheit versteht, dass damit das Recht abgesprochen wird, umherzuziehen und zu töten und zu stehlen. Die Gesetze schützen uns vor Mördern und Dieben. Allerdings kann die Frage, in welchem Maße diese Gesetze individuelle Rechte und Freiheiten bewahren und in welchem Maße beschneiden sollen, selten eindeutig beantwortet werden. Thomas Hobbes beispielsweise befürwortete eine autoritäre Regierung, um Leben und Eigentum zu schützen, während Rousseau die Meinung vertrat, Menschen sollten zum Wohle der ganzen Gesellschaft die Gesetze selbst in die Hand nehmen.

Die Redefreiheit erlaubt uns zu sagen, was wir denken, solange wir andere damit nicht schädigen.

DIE EINZIGE UNABHÄNGIGKEIT, DIE DIESEN NAMEN VERDIENT, IST DIE MÖGLICHKEIT, EIGENES WOHL AUF UNSERE EIGENE WEISE ZU ERREICHEN […].

JOHN STUART MILL

Freiheit in angemessenem Rahmen

Irgendwo zwischen diesen beiden Extremen etablierte John Stuart Mill die Grundlagen des britischen Liberalismus. Beeinflusst wurde er von Jeremy Benthams Konzept des Utilitarismus, das besagt, das größte Glück für die größte Zahl urteilt über die Moral. Dieses auf die Politik zu übertragen, würde, so Mill, praktische Probleme mit sich bringen: Das Glück der Mehrheit könnte das Glück Einzelner berühren. Es ist Aufgabe der Gesellschaft, so Mills, Menschen dazu zu erziehen, ihr individuelles Glück

Gibt es beides – **Freiheit** und **Gerechtigkeit**?

Damit Menschen die Vorteile, die eine Zivilgesellschaft mit sich bringt, genießen können, muss es Gesetze geben. Auch wenn das bedeutet, dass Bürger nicht frei sind, alles zu tun, was ihnen gefällt, so schützen diese Gesetze doch Eigentum, Sicherheit und Gesundheit sowie grundlegende Rechte des Einzelnen.

mit dem Allgemeinwohl gleichzusetzen und nach dem Prinzip „Was du nicht willst, dass man dir tu, das füg auch keinem andern zu" zu handeln. Er war überzeugt, dass jeder die Freiheit haben sollte, sein eigenes Glück zu verfolgen, doch die Gesellschaft ihm eine Einschränkung auferlegen müsste. Nach dem sogenannten Freiheitsprinzip sind die Menschen frei, das zu tun, was ihnen gefällt, solange sie damit anderen keinen Schaden zufügen oder deren Freiheit einschränken. Das Verhalten einer Person interessiert den Staat nur dann, wenn es die Gesellschaft beeinträchtigt. Folglich sollten Regierung und Gesetz bei der persönlichen Freiheit nur eingreifen, um die Gesellschaft als Ganzes zu schützen.

SCHICKSAL IN EIGENE HÄNDE NEHMEN

Freiheit, so Isaiah Berlin, ist nicht nur Freiheit von äußeren Zwängen, von den „Ketten", die uns aufgezwungen werden. Diese *Freiheit von etwas* nannte er „negative Freiheit", doch es gibt auch eine „positive Freiheit", die von innen kommt. Das ist die Freiheit, die wir fühlen, wenn wir Dinge in uns überwinden und selbstbestimmt entscheiden.

Fairness oder Anrecht?

Die US-amerikanischen Philosophen John Rawls und Robert Nozick bieten zwei verschiedene Interpretationen von Gerechtigkeit an. Für Rawls ist Gerechtigkeit eine Sache der Fairness – eine faire Verteilung von Rechten, Ressourcen und Positionen. Er fordert uns auf, uns eine ideale Gesellschaft vorzustellen, ohne zu wissen, welche Position wir in dieser Gesellschaft innehätten. Dieser „Schleier des Unwissens" hält uns davon ab, so Rawls, von unserem eigenen Interesse geleitet zu werden. Für Nozick dagegen ist Gerechtigkeit eine Sache des Anspruchs: es herrscht Gerechtigkeit, wenn Menschen berechtigt sind zu besitzen, was sie haben. Wohlstand muss gerecht verteilt werden, und die Regierung greift nur ein, wenn Menschen Besitz an sich reißen, der ihnen nicht zusteht, z.B. durch Diebstahl.

WIR SIND FREI INNERHALB DER BESCHRÄNKUNGEN DER GESETZE.

Grenzen der Freiheit
Nach John Stuart Mill legt Gerechtigkeit die Grenzen unserer Freiheit fest – solange wir andere nicht schädigen oder davon abhalten, glücklich zu sein, sind wir frei zu wählen, was wir tun.

Siehe auch: 126–127, 132–133

Es gibt keine

Die Rechte der Bürger zu respektieren, ist Kennzeichen einer zivilisierten Gesellschaft. In der Revolutionszeit Ende des 18. Jahrhundert legten Philosophen fest, dass zu den grundlegenden Menschenrechten der Schutz der Gesellschaftsrechte gehört. Doch es sollte noch einige Zeit vergehen, bis anerkannt wurde, dass diese für jeden gelten.

Die Menschenrechte

Die revolutionäre Bewegung in Amerika und Frankreich wollte ungerechte und repressive Herrscher stürzen. Nach deren Sturz waren die Bürger – inspiriert von John Locke und Jean-Jacques Rousseau – in der Lage, ihre Gesellschaftsform neu zu organisieren. Zentrales Element war die Anerkennung bestimmter fundamentaler Rechte. In Anlehnung an Locke erklärte die berühmte US-amerikanische Unabhängigkeitserklärung: „Wir halten diese Wahrheiten für ausgemacht, dass alle Menschen gleich erschaffen worden, dass sie von ihrem Schöpfer mit gewissen unveräußerlichen Rechten begabt worden, worunter sind Leben, Freiheit und das Bestreben nach Glückseligkeit." In Frankreich fand der Grundsatz, dass alle Menschen von Natur aus vor dem Gesetz gleich sind und Recht auf Freiheit, Sicherheit und Wohlstand haben, Eingang in der *Erklärung der Menschen- und Bürgerrechte*. Dies wurde als Mindestanforderung an eine Zivilgesellschaft betrachtet.

Das ist unfair

Während Männer im 18. Jahrhundert gleiche Rechte auf Freiheit, Sicherheit und Wohlstand erlangten, blieben sie für Frauen und ethnische Minderheiten unerreichbar. Selbst heute herrscht noch Ungleichheit.

gleichen Rechte

Die Rechte der Frauen

Die Erklärungen schufen einen Rechtsrahmen, der in der Verfassung verankert werden sollte, und beide betrachteten die Gleichberechtigung als erstes natürliches Recht. Trotzdem wurde der Grundsatz der Gleichheit in der Praxis ausgehebelt. Männer besaßen die gleichen Rechte, Frauen wurden davon im Endeffekt ausgenommen. Die Schriftstellerin Olympe de Gouges antwortete 1791 auf die französische Deklaration der Menschenrechte mit ihrer *Erklärung der Rechte der Frau und Bürgerin* und eröffnete so die Schlacht um Frauenrechte. Ein Jahr später forderte Mary Wollstonecraft in *Verteidigung der Rechte der Frau* ebendiese Rechte ein, insbesondere Bildung und Teilhabe am politischen Prozess. Im 19. Jahrhundert wuchs die Bewegung und brachte schließlich die von Simone de Beauvoir angeführte feministische Bewegung hervor.

Die englische Philosophin und Autorin Mary Wollstonecraft war die Mutter der *Frankenstein*-Autorin Mary Shelley.

Bürgerrechte

Frauen waren nicht die Einzigen, die ausgeschlossen wurden. Selbst nach Abschaffung der Sklaverei wurden Schwarze in vielen Staaten nicht als Bürger betrachtet. Das Vermächtnis alter Reiche verhinderte die Gleichberechtigung in den Kolonien, vor allem in Afrika. Philosophen wie W. E. B. Du Bois und Frantz Fanon brachten eine spezielle afrokaribische politische Philosophie hervor und regten damit eine Bürgerrechtsbewegung an, die viel dazu beitrug, Gleichberechtigung in den USA und andernorts durchzusetzen. Erklärungen universeller Menschenrechte wurden erlassen, und die weltweite Verurteilung unterdrückerischer Systeme wie das der Apartheid in Südafrika führte schließlich zum Wandel. Doch viele Staaten, selbst westliche Demokratien, verweigern noch heute zumindest einigen ihrer Bürger eine gleichberechtigte Behandlung.

DIE FRAU DARF DAS SCHAFOTT BESTEIGEN, EBENSO SOLLTE SIE MITSPRACHERECHT HABEN.

OLYMPE DE GOUGES

DER SCHWARZE MENSCH ERSCHEINT AUS DER PERSPEKTIVE DES WEISSEN ALS MINDERWERTIG.

FRANTZ FANON

Siehe auch: 132–133, 134–135

ZIVILER UNGEHORSAM

Der Kampf um Gleichberechtigung war oft gewaltvoll, aber auch mit friedlichen Mitteln gab es Erfolge. Viele, wie der Kampf Gandhis gegen die britische Herrschaft in Indien, ruhten auf der Idee des zivilen Ungehorsams, die vom Philosophen Henry Thoreau aus dem 19. Jahrhundert stammt. Danach ist es nicht nur unser Recht, sondern unsere Pflicht, uns mit friedvollem Protest gegen Gesetze zur Wehr zu setzen, die wir für falsch halten.

SIMONE DE BEAUVOIR

1908–1986

Simone-Lucie-Ernestine-Marie Bertrand de Beauvoir kam 1908 in Paris (Frankreich) auf die Welt. Schon in jungen Jahren wollte sie Schriftstellerin werden und wurde an der renommierten École normale supérieure aufgenommen. Dort schloss sie sich einem Kreis einflussreicher männlicher Philosophen an, gestaltete jedoch ihren ganz eigenen Weg und wurde zur Ikone des Feminismus.

SIMONE UND JEAN-PAUL

Während ihres Philosophiestudiums in Paris traf de Beauvoir Jean-Paul Sartre. Er schloss zuerst ab, sie absolvierte kurz danach als Jüngste die harte *Agrégation*, eine Zugangsprüfung für das Lehramt. Auch wenn sie Sartres Heiratsantrag 1929 ablehnte, blieb de Beauvoir doch lebenslang freundschaftlich mit ihm verbunden. Sie lasen die Arbeiten des anderen und gaben gemeinsam *Les Temps Modernes*, eine literarische Zeitschrift, heraus.

De Beauvoir begann 1946 mit der Arbeit an *Das andere Geschlecht*, ein Jahr nach Einführung des Wahlrechts für Frauen in Frankreich.

„MAN KOMMT NICHT ALS FRAU ZUR WELT, MAN WIRD ES."

1949 erschien *Le deuxième Sexe* (*Das andere Geschlecht*), 800 Seiten über die Unterdrückung der Frau in der Geschichte. De Beauvoir zeichnete darin nach, wie Männer nahezu alle Bücher über die menschliche Natur verfasst und Männlichkeit als Standard definiert hätten. Frauen definierten sie danach, wie diese vom Standard abwichen.

„Die **Vorstellung** von der Welt ist, wie die Welt selbst, das **Produkt der Männer:** Sie beschreiben sie von ihrem Standpunkt aus, den sie mit dem der absoluten **Wahrheit** gleichsetzen.“

FRAUEN-STEREOTYPE

De Beauvoir erklärte, dass die Versuche der Frau, einen gleichen Status zu erlangen, durch negative Stereotype, wie etwa den Vergleich einer starken Frau mit der Gottesanbeterin, erschwert würden. *Das andere Geschlecht* wurde von der katholischen Kirche auf die Liste der verbotenen Bücher gesetzt, doch schon in der ersten Woche gingen 20 000 Exemplare über den Ladentisch.

AUTORIN, AKTIVISTIN

Von 1930 bis 1943 unterrichtete de Beauvoir an Schulen, danach widmete sie sich dem Schreiben. Nach Reisen in China, Kuba und in den USA schrieb sie Reisebücher, den preisgekrönten Roman *Die Mandarins von Paris* sowie *Das Alter,* in dem sie die Gesellschaft für den Umgang mit alten Menschen kritisierte. Sie kämpfte für die Legalisierung der Abtreibung und für die Unabhängigkeit Algeriens von Frankreich.

IST DIE IRDISCHE GESELLSCHAFT ...

Was hatte **Gott**

Zivilgesellschaften machen Gesetze, die die Moralphilosophie ihrer Kultur spiegeln. Sie sollen das Wohlergehen der Gesellschaft als Ganzes fördern und die Rechte des Einzelnen bewahren. Viele Religionen jedoch glauben, dass Moral durch gottgegebene Gesetze diktiert wird und unsere Gesetze von diesen Geboten abgeleitet werden sollten.

Die weltweit größte Religion ist das Christentum, gefolgt vom Islam und dem Hinduismus.

Gesetze und Gebote

Im antiken Griechenland waren Religion und Moral- bzw. politische Philosophie weitgehend getrennt, und die Götter hatten nur wenig mit der Festlegung von Moralregeln oder Gesetzen zu tun. Das Christentum jedoch gewann großen Einfluss auf die Gesetze europäischer Gesellschaften, und auch der Islam beeinflusste jene im Nahen Osten. Beide Religionen lehrten, dass Moral nicht durch Vernunft beurteilt, sondern durch Gebote – die unantastbaren Gesetze Gottes – diktiert werde. Während der Islam klare Anweisungen hinsichtlich der Gesellschaftsstruktur gab, verglichen christliche Philosophen Gottes Moralgesetze mit den von Menschen entwickelten Gesetzen zum Nutzen der Gesellschaft. Das wurde vor allem wichtig, als die Kirche im Mittelalter zur politischen Macht aufstieg und Monarchen und Päpsten ein göttliches Recht zu herrschen zugesprochen wurde.

ZUR ERKENNTNIS JEGLICHER WAHRHEIT BEDÜRFE DIE VERNUNFT EINES BEISTANDES VON GOTT.

THOMAS VON AQUIN

Die Gottesstadt

Zu den frühen christlichen Philosophen gehörte Augustinus von Hippo, der vor seiner Bekehrung griechische Philosophie studiert hatte. Er griff auf Platons Idee zurück, dass die irdische Welt lediglich eine Reflexion einer idealen Welt sei, und erklärte, die irdische Gesellschaft sei eine Spiegelung des Königreiches Gottes. Unsere Staaten und Gesellschaften seien nicht perfekt und würden von nicht perfekten, von Menschen gemachten Gesetzen regiert, doch

EINE SPIEGELUNG VON GOTTES REICH?

damit zu tun?

sie würden nach dem Vorbild einer idealen „Gottesstadt" aufgebaut. Gott hätte uns die Vernunft gegeben, wodurch wir Zugang zu den Gesetzen der Gottesstadt fänden, auf deren Grundlage wir unsere Gesetze entwickeln könnten. Später sagte Thomas von Aquin, dass zu Gottes ewigen Gesetzen auch das Naturgesetz gehöre – basierend auf Moralvorstellungen, Tugenden und Werten, die jedem Menschen innewohnten. Das bildete die Grundlage für die Gesetze der irdischen Gesellschaft.

„Gott ist tot."

Nach dem Mittelalter büßte die Kirche Macht ein, von der Kirche unabhängige Staaten entstanden. In diesem Prozess wurde auch die Autorität von gottgegebenen Gesetzen infrage gestellt. Ihren Platz übernahmen Regierungssysteme, deren Grundlage praktische Erfordernisse und menschliche Moral bildeten. Die politische Philosophie trennte sich wieder weitgehend von der Religion, und im 19. Jahrhundert bezogen viele Philosophen der Religion gegenüber eine ablehnende Position. Für Karl Marx war sie „Opium fürs Volk" – ein Mittel der Kontrolle und Unterdrückung zur Verhinderung politischen Fortschritts.

> RELIGION IST DER SEUFZER DER BEDRÄNGTEN KREATUR, DAS GEMÜT EINER HERZLOSEN WELT, WIE SIE DER GEIST GEISTLOSER ZUSTÄNDE IST.
>
> KARL MARX

Gegen Ende des Jahrhunderts betonte Friedrich Nietzsche die Irrelevanz der jüdisch-christlichen Moralphilosophie für die moderne Welt, indem er verkündete: „Gott ist tot." Doch noch heute gibt es Gesellschaften, deren Gesetze von religiösen Gesetzen abgeleitet wurden (Theokratien).

EIN GERECHTER KRIEG?

Christentum und Islam sind friedliebende Religionen – Töten und Kämpfen sind laut ihren Schriften verboten. Doch beide Glaubensrichtungen erkennen an, dass ihre Religion verteidigt werden muss. Philosophen benannten übereinstimmend die Voraussetzungen für einen „gerechten Krieg": eine rechtmäßige Absicht, ein gerechter Grund, eine ordnungsgemäße Autorisierung und der Einsatz als letztes Mittel.

Siehe auch: 20–21, 112–113

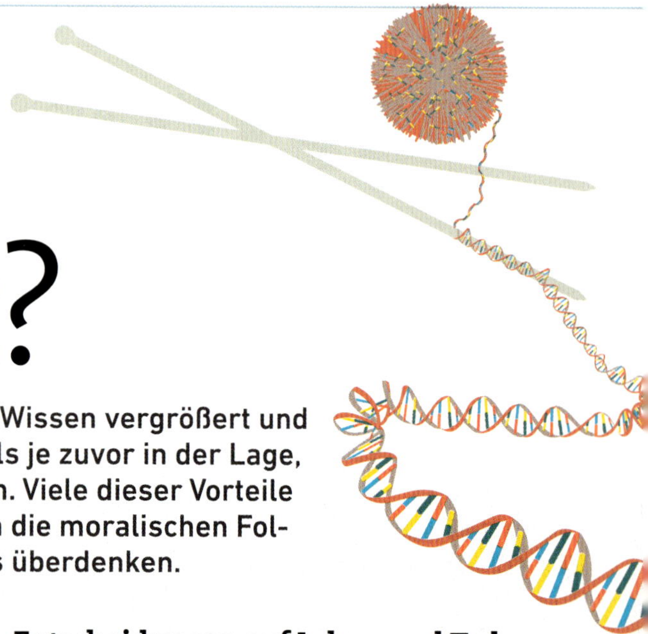

Spielen wir **Gott**?

Wissenschaftliche Fortschritte haben unser Wissen vergrößert und viel Nutzen gebracht. Heute sind wir mehr als je zuvor in der Lage, die Natur zu unserem Vorteil zu beherrschen. Viele dieser Vorteile haben allerdings ihren Preis, und wir sollten die moralischen Folgen unseres wissenschaftlichen Fortschritts überdenken.

Die Moral der Wissenschaft

Fragen danach, was moralisch richtig oder falsch sei, sind eng mit Politik und Gesetzen verbunden, doch Moralphilosophie hat eine weniger offensichtliche Relevanz zur Wissenschaft. Es kann behauptet werden, dass wissenschaftliche Forschung und ihre Entdeckungen weder moralisch noch unmoralisch sind, doch wie wir diese einsetzen, bestimmt, ob sie moralisch gut oder schlecht sind. Moderne Physik etwa erklärt das Verhältnis zwischen Energie und Materie. Dieses Wissen hat uns befähigt, Kernkraftwerke und Nuklearwaffen zu bauen. Doch selbst rein wissenschaftliche Forschung umfasst einige ethische Entscheidungen, etwa ob es moralisch vertretbar ist oder nicht, riesige Geldsummen für die Erforschung des Weltraums auszugeben, solange ein großer Teil der Menschheit in Armut lebt. Wenn es Entdeckungen gibt, die uns die Welt besser beherrschen lassen, z.B. den Anbau von Genfood zur Bekämpfung des Nahrungsmangels, werden diese als „unnatürlich" und unsere Manipulation natürlicher Phänomene als „Gott spielen" betrachtet.

Der arabische Physiker ar-Ruhawi schrieb bereits im 9. Jahrhundert ein Buch über medizinische Ethik.

Entscheidungen auf Leben und Tod

Auch wenn die Vorstellung Gott zu spielen von der durch viele Religionen diktierten Moral abgeleitet ist, fühlen auch nichtreligiöse Menschen, dass wir uns nicht in alles einmischen sollten. In der Medizin etwa müssen oft Entscheidungen auf Leben und Tod getroffen werden, die mit ethischen Konflikten verbunden sind. Euthanasie oder „Sterbehilfe",

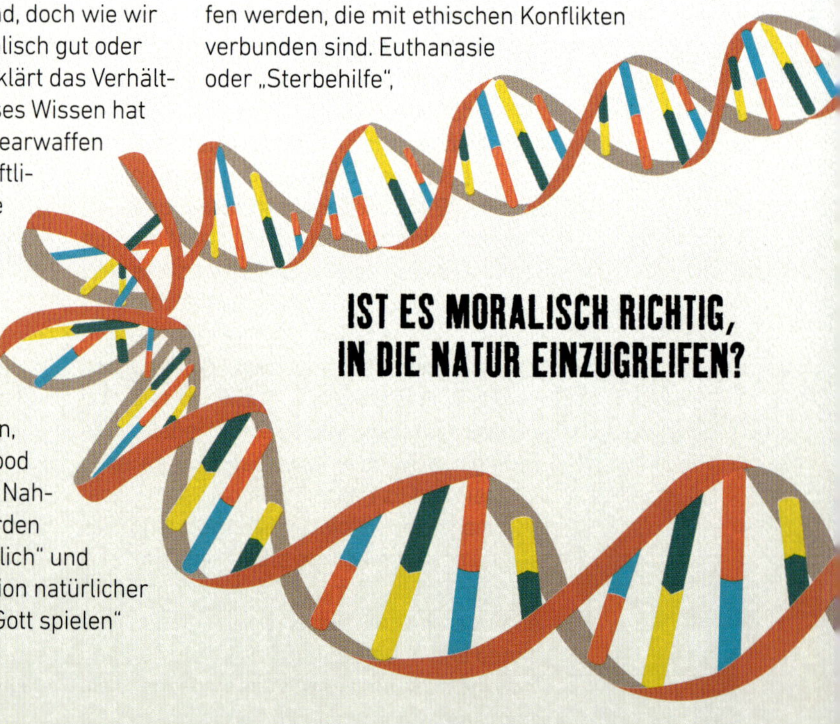

IST ES MORALISCH RICHTIG, IN DIE NATUR EINZUGREIFEN?

DIE VIELFALT DER LEBENSFORMEN IST EIN WERT AN SICH. [...] DER MENSCH HAT KEIN RECHT, DIESE VIELFALT ZU ZERSTÖREN.

ARNE NÆSS

GEBOTE

Die Idee, dass gottgegebene Gebote die menschliche Moral bestimmen, ist in der westlichen Welt tief verankert und implizit, wenn wir bei Entscheidungen auf Leben und Tod von „Gott spielen" sprechen. Aber ist das von Gott Gebotene moralisch gut, weil es moralisch gut ist oder weil Gott es befohlen hat?

Konflikte sowohl mit religiösen Geboten als auch dem Gesetz – in einigen Fällen kann es gerechtfertigt sein, das Leiden eines Menschen zu beenden. Gegner, die das Argument „Gott spielen" aufgreifen, halten es für grundsätzlich falsch, dass ein Mensch dem Leben eines anderen ein Ende setzt – das wiederum eröffnet die Frage, inwieweit es moralisch richtig ist oder nicht, jemanden unter Schmerzen sterben zu lassen, statt seinem Leben ein Ende zu bereiten. Dieser ethische Konflikt wird zunehmen, da der medizinische Fortschritt die Mittel besitzt, unser Leben zu verlängern: Maschinen z.B. können uns am Leben erhalten; Ärzte und Verwandte müssen dann entscheiden, ob die Maschinen abgestellt werden. Andererseits könnte man behaupten, dass die Verlängerung des Lebens mithilfe von Maschinen ebenso ein „Gott Spielen" sei.

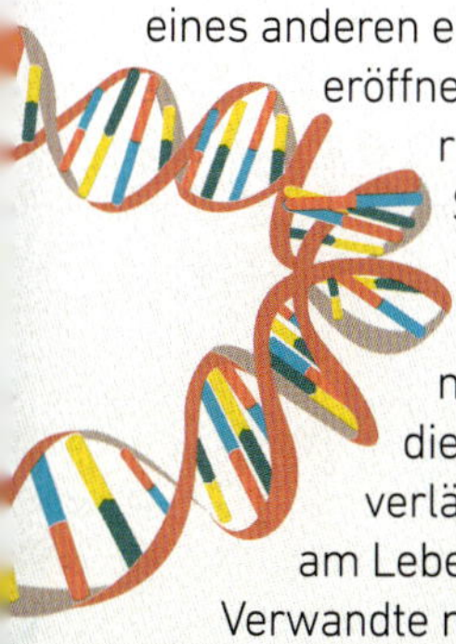

Das erste geklonte Säugetier, das Schaf Dolly, wurde 1996 in Großbritannien geboren.

Unsere Umgebung formen

Die Genetik gibt uns die Möglichkeit, Leben zu verändern und sogar zu erschaffen. Die Vorteile für die Menschheit, eine zuverlässige Nahrungsquelle und an Tieren getestete Mittel zur Krankheitsbekämpfung zu finden, liefern eine gewisse moralische Rechtfertigung hierfür. Doch eine wachsende Zahl von Wissenschaftlern und Philosophen behauptet, dass einige unserer Handlungen falsch sind, nicht weil sie moralisches Recht brechen, sondern wegen ihrer unbeabsichtigten Folgen für die Umwelt. Unser Ziel, das Leben der Menschen zu verbessern, mag gut sein, doch die technischen Fortschritte haben Einfluss auf unsere Umgebung und können langfristig vernichtend sein – ein ethisches Dilemma. Der norwegische Umweltphilosoph Arne Næss war einer der Ersten, der anregte, dass wir uns als Teil der Natur begreifen und „wie ein Berg denken" sollten: Wir sollten also nicht nur die Vorteile und Schäden für die Menschen, sondern langfristig die Interessen der gesamten Umwelt im Auge behalten.

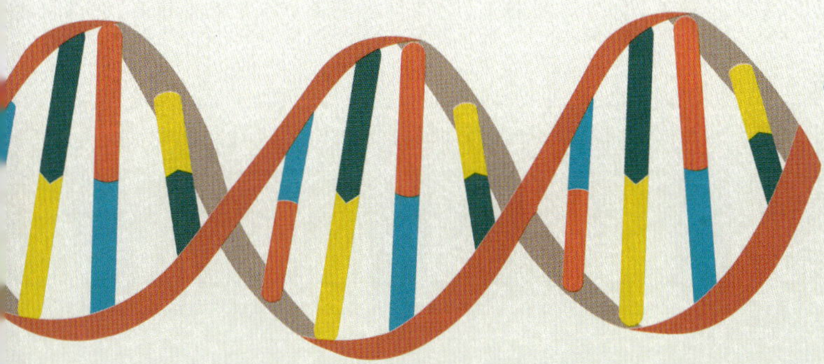

Versuche mit der DNA
Wissenschaft hat unser Leben verändert: Wir können Babys im Reagenzglas zeugen, Tiere klonen und Krankheiten heilen. Doch wann wird das Ganze unethisch? Versuche mit lebenden Organismen könnten möglicherweise katastrophale und irreversible Veränderungen in der natürlichen Umwelt zur Folge haben.

Was ist **Kunst?**

Philosophen haben sich der Frage, was schön, künstlerisch oder ästhetisch ist, weitgehend genauso genähert wie der Frage nach Moral. Einige versuchten, die Eigenschaften von Schönheit und Kunst wie die der Tugend auszumachen, andere sagten, ihre Würdigung hänge von der Kultur ab oder sei einfach eine Sache des Geschmacks.

ABGEMESSENHEIT UND VERHÄLTNISMÄSSIGKEIT WIRD UNS DOCH ÜBERALL OFFENBAR SCHÖNHEIT UND TUGEND.

PLATON

Was bedeutet Schönheit?

Eine der einfachsten Fragen von Sokrates lautete: „Was ist Schönheit?" Er suchte nicht nach einer Definition, sondern wollte wissen, ob es eine bestimmte Eigenschaft gibt, die etwas schön macht – etwas, das allen schönen Dingen innewohnt. Sein Schüler Platon behauptete, dass es eine ideale Schönheit gibt, die in einer idealen Welt perfekter Formen besteht (getrennt von der Welt, in der wir leben) und an der wir messen, was wir als schön erachten. Aristoteles glaubte, dass wir unsere Vorstellung von Schönheit aus den vielen verschiedenen Dingen, die wir als schön erfahren, entwickeln. Doch Menschen haben unterschiedliche Vorstellungen darüber, was schön ist und was nicht. Deshalb ist sie vielleicht nicht eine innewohnende Qualität, sondern eher eine Sache des Geschmacks und liegt, wie man so schön sagt, „im Auge des Betrachters". Relativistische Philosophen behaupten, Vorstellungen von Schönheit würden von Kultur und Tradition geformt. Die meisten Menschen etwa finden die Landschaft ihrer Heimat schön.

Ein Werk Vincent van Goghs wurde 1990 für 150 Mio. US-Dollar verkauft. Zu Lebzeiten verkaufte er nur ein Bild.

Verschiedene Zeiten und Orte

Wir finden etwas schön, was Menschen gemacht haben, das gilt für die Kunst genauso wie für die Natur. Platon beispielsweise betrachtete die Kunst als Spiegelung der Natur und der Belege für Schönheit darin: Sie würde uns einen Einblick geben und Vergnügen bereiten. Andere wiederum hielten Kunst für ein Produkt aus Kultur und Tradition, und was für künstlerisch schön oder bedeutungsvoll gehalten wird, würde von Zeit zu Zeit und Ort zu Ort variieren. Im klassischen Griechenland etwa (die Zeit von Platon und Aristoteles) wurden großartige Werke der Lyrik, des Theaters, der Musik, Architektur und Kunst geschaffen. Sie wiesen gemeinsame Merkmale auf – insbesondere, was Proportion, Symmetrie, Gleichgewicht und Harmonie betrifft. Diese spiegelten nicht nur die Natur, sondern auch eine kulturelle Tradition, die rationales Denken, Mathematik, Logik und die soziale Ordnung wertschätzte. Andere Kulturen wiederum zeigen unterschiedliche Interpretationen von der natürlichen Welt, produzieren sehr verschiedene Stile und haben andere Vorstellungen davon, was den Wert eines Kunstwerks ausmacht.

WAS IST SCHON EIN NAME!

Wenn sich das Bild eines berühmten Künstlers als Fälschung erweist, sinkt der Wert und es wird nicht mehr als großartig angesehen. Das Bild aber bleibt dasselbe: nur das von uns versehene Etikett hat sich geändert. Dies scheint unsere Kriterien bei der Bewertung aufzuheben.

Eine objektive Beurteilung?

Moderne Künstler haben unsere konventionellen Kunstvorstellungen herausgefordert. Manchmal steht die Öffentlichkeit beim Werk eines Avantgardisten vor einem Rätsel und fragt sich, ob das noch Kunst sei. Eine traditionelle Sicht besagt, Kunst sei von jemandem mit der Absicht angefertigt worden, eine Idee oder ein Gefühl zu transportieren. Die Autorin und Philosophin Susan Sontag glaubte, dass ein Kunstwerk – unabhängig von der Intention des Künstlers – nach seinen eigenen Vorzügen beurteilt werden sollte. Alternativ lässt sich „Kunst" durch den Wert definieren, den ihr sogenannte Experten zuweisen (siehe „Was ist schon ein Name!" unten links). Kurzum: Es ist einfach eine Sache des Geschmacks. Und wenn das so ist, gibt es vielleicht keinen objektiven Weg Kunst zu beurteilen.

> MAN MUSS DIE PERSÖNLICHEN **ABSICHTEN** DES KÜNSTLERS NICHT KENNEN. SEIN **WERK** SAGT ALLES.
>
> SUSAN SONTAG

WIE BEURTEILEN WIR KUNST? LIEGT SCHÖNHEIT IM AUGE DES BETRACHTERS?

Gefällt dir, was du siehst?
Philosophen versuchten zu bestimmen, ob ein Kunstwerk an sich schön ist oder ob unsere individuelle Erfahrung damit es schön macht.

Siehe auch: 20–21, 124–125

Moral- und politische Philosophie
IN DER PRAXIS

SCHULD UND SÜHNE

Was Gesellschaften als moralisch richtig oder falsch erachten, spiegelt sich in deren Gesetzen; werden diese gebrochen, wird das Recht angewendet. Die Gesellschaft muss zur Abschreckung eine angemessene Strafe verhängen und die Öffentlichkeit schützen. Ebenso muss sie die Moralität einer Strafe, etwa die der Todesstrafe bewerten.

DENKFABRIKEN

Die Gesetze unserer demokratischen Gesellschaften werden von Politikern gemacht, die wir wählen. Diese können nicht in allen Bereichen Experten sein, und um sachgerecht urteilen zu können, holen sie Rat ein. Denkfabriken oder politische Berater prüfen, ob eine Richtlinie ethisch und praktikabel ist.

TIERVERSUCHE

Wissenschaftler sind auf der Suche nach Medikamenten, die wirksam gegen Krankheiten wie etwa Krebs eingesetzt werden können. Einige Forscher halten Tierversuche für erforderlich, um zum Nutzen der Menschen die Sicherheit der Heilmittel zu gewährleisten. Doch Tierrecht-Aktivisten halten dies für moralisch falsch.

VERTEILUNG DES WOHLSTANDS

Die Wirtschaftspolitik sollte die Prosperität des Staates gewährleisten. Durch Steuer- und Sozialsysteme entscheidet sie, wie die Ressourcen des Landes verteilt werden – die Beiträge und Leistungsansprüche seiner Bürger. Es gilt, ein Gleichgewicht zwischen der Schaffung von Wohlstand und seiner gerechten Verteilung zu finden.

Es fällt leichter, die Bedeutung von Moral- und politischer Philosophie für unseren Alltag zu erkennen, als dies bei anderen Philosophiezweigen der Fall ist. Entscheidungen hinsichtlich richtig oder falsch müssen jeden Tag getroffen werden, ob vor Gericht oder bei der Wahl unserer Lebensweise.

UNTERNEHMENSSPAGAT

Firmenchefs müssen schwierige Entscheidungen treffen. Wichtigstes Ziel ist die Sicherstellung des Erfolgs und die Erwirtschaftung von Gewinn für Firma und Teilhaber. Doch sie müssen auch die Kunden im Blick haben, ihnen zu einem fairen Preis ein gutes Produkt liefern. Ihre Arbeiter müssen fair bezahlt werden und gute Arbeitsbedingungen vorfinden.

MENSCHENRECHTE

In vielen Ländern sind die Bürgerrechte in der Verfassung verankert, die Allgemeine Erklärung der Menschenrechte wurde 1948 von den Vereinten Nationen beschlossen. Sie wurde von vielen Ländern unterzeichnet und gilt als internationales Recht. Da weitere Rechte anerkannt werden und dazukommen, wird sie ständig erweitert.

TERRORBEKÄMPFUNG

Weltweit antworten Regierungen auf Terrorakte, indem sie die Sicherheit erhöhen. Auf Flughäfen und öffentlichen Plätzen gibt es Einschränkungen und mehr Überwachung. Doch angesichts allgegenwärtiger Kameras und der Überwachung von Internetaktivitäten fragen sich viele Menschen, ob der Verlust der Privatheit noch gerechtfertigt ist.

FRIEDENSSICHERUNG

Die meisten Länder sind Mitglied der Vereinten Nationen. Dort sprechen sie über globale Verhältnisse, versuchen Konflikte zu lösen und treffen Entscheidungen, u. a. über Kriegsverbrechen. Es können Friedenssichernde Truppen aktiviert werden; meist wird diskutiert, ob es rechtens ist, in die Angelegenheiten eines Staates einzugreifen.

Philosophenverzeichnis

Anaximander (um 610–um 546 v.Chr.)
Anaximander kam aus Milet (heute Türkei), einer belebten, altgriechischen Hafenstadt. Seine Theorien waren von griechischer Mythologie und Thales beeinflusst. Er beschäftigte sich auch mit Astronomie, Geografie und Biologie, zeichnete als Erster eine Karte der damals bekannten Welt und nahm an, der Mensch sei aus Fischen hervorgegangen.

Anaximenes von Milet (um 585–um 528 v.Chr.)
Wie Thales und sein Lehrer Anaximander kam auch Anaximenes aus Milet (heute Türkei). Am bekanntesten ist er für die Theorie, alles im Kosmos bestehe aus Luft. Wird sie verdichtet, sagte er, wird sie zu Wind, dann Wolke, Wasser, Schlamm und schließlich Stein.

Anselm von Canterbury (1033–1109)
Anselm von Canterbury wurde in Aosta in den italienischen Alpen geboren. Mit 27 Jahren trat er der Benediktiner-Abtei Le Bec (Normandie, Frankreich) bei. 1078 wurde er dort Abt. Von 1093 bis 1109 war er Erzbischof von Canterbury (England). Er ist für den ontologischen Gottesbeweis bekannt.

Hannah Arendt (1906–1975) siehe S. 130–131

Aristoteles (384–322 v.Chr.) siehe S. 96–97

Augustinus von Hippo (354–430)
Augustinus wurde als Christ im heutigen Algerien erzogen. Ein Philosophiestudium in Karthago ließ ihn an der Religion zweifeln. Später konvertierte er wieder zum Christentum, entwickelte eine auf Platons Ideenlehre basierende Theorie, wonach die irdische Welt ein unvollkommenenes Abbild des Reichs Gottes ist. Nach einem Aufenthalt in Italien wurde er in Nordafrika Bischof von Hippo Regius.

Avicenna (Ibn Sînâ) (um 980–1037)
Avicenna wurde bei Buchara (heute Usbekistan) geboren. Als bedeutender islamischer Philosoph im Mittelalter dachte er lange vor René Descartes über das Leib-Seele-Problem nach. Zudem leistete er einen großen Beitrag zur Wissenschaft, vor allem zur Medizin.

A. J. Ayer (1910–1989)
Der britische Philosoph Alfred Jules Ayer propagierte mit der Schrift *Sprache, Wahrheit und Logik* (1936) den logischen Empirismus – die Vorstellung, eine Behauptung sei nur von Bedeutung, wenn sie sich empirisch überprüfen lasse. Regeln der Ethik sind ihmzufolge bedeutungslos und reiner Ausdruck von Gefühlen.

Francis Bacon (1561–1626)
Francis Bacon wurde in London (England) geboren und studierte an der Universität Cambridge und am Gray's Inn. Er ist als Wissenschaftsphilosoph bekannt und gilt als Wegbereiter des Empirismus. 1618 wurde er zum Lordkanzler berufen und 1621 zum Viscount St. Albans ernannt. Später wurde er wegen Korruption kurz inhaftiert.

Simone de Beauvoir (1908–1986) siehe S. 138–139

Jeremy Bentham (1748–1832)
Der englische Philosoph Jeremy Bentham ist einer der Begründer des modernen Utilitarismus und am bekanntesten für das Prinzip des „größten Glücks der größten Zahl". Bereits mit zwölf Jahren studierte er Rechtswissenschaft in Oxford. Er war ein Gesellschaftsreformer und trat für die Legalisierung der Homosexualität, Frauenrechte und die Rechte von Tieren ein.

Henri Bergson (1859–1941)
Henri Bergson wurde als Sohn einer Engländerin und eines Polen jüdischer Abstammung in Frankreich geboren. Er studierte in Paris. Trotz ausgezeichneter Leistungen in Mathematik, Wissenschaft und Kunst entschied er sich für eine philosophische Laufbahn. Am bekanntesten ist er für seine Theorie der Zeit als unteilbarer Bewegung oder „Dauer". 1927 erhielt er den Nobelpreis für Literatur.

George Berkeley (1685–1753)
George Berkeley war Empirist und anglikanischer Bischof und studierte am Trinity College in Dublin (Irland). Dort schrieb er unter dem Einfluss von John Locke und René Descartes seine bekanntesten philosophischen Werke. Berkeley trieb den Empirismus auf die Spitze und behauptete, es gebe keine Materie, sondern nur Vorstellungen und den Geist, der sie hegt.

Isaiah Berlin (1909–1997)
Isaiah Berlin wurde als Sohn jüdischer Eltern in Riga im russischen Reich (heute Lettland) geboren. Er verbrachte die ersten Jahre in Russland. Wegen des aufkommenden Antisemitismus emigrierte die Familie nach England. Er ist bekannt für seine Theorie der negativen Freiheit (von äußeren Zwängen) und positiven Freiheit (zu Selbstbestimmung). 1957 wurde er in den Adelsstand erhoben.

Albert Camus (1913–1960)
Albert Camus wurde in Französisch-Nordafrika geboren und studierte an der Universität Algiers. Er zog nach Frankreich, wo er als Politikjournalist arbeitete und zudem Romane, Essays und Dramen verfasste. Seine düstere Philosophie, beeinflusst von Søren Kierkegaard und Friedrich Nietzsche, kreiste um die Absurdität und Sinnfreiheit des Lebens und die Unausweichlichkeit des Todes. 1957 wurde er mit dem Nobelpreis für Literatur ausgezeichnet. Nur drei Jahre darauf starb er bei einem Autounfall.

Demokrit (um 460–um 371 v.Chr.)
Der altgriechische Philosoph Demokrit wurde in Thrakien (heute Griechenland) geboren. Mit seinem Lehrer Leukipp entwickelte er den Atomismus (alles besteht aus winzigen, unveränderlichen Teilchen). Er war genügsam, fleißig und wurde für seine Fähigkeit bekannt, Wetterveränderungen vorherzusagen. Da für ihn die Glückseligkeit das höchste Gut des Menschen war, wurde er „lachender Philosoph" genannt.

René Descartes (1596–1650) siehe S. 72–73

John Dewey (1859–1952)
John Dewey war eine Schlüsselfigur des US-amerikanischen Pragmatismus. Der bedeutende Gelehrte studierte an der Universität Vermont und lehrte an führenden Universitäten. Er verfasste viele Schriften zu mehreren Themen und gründete die Laborschule der Universität Chicago für erfahrungsorientiertes Lernen.

W. E. B. Du Bois (1868–1963)
William Edward Burghardt Du Bois erwarb als erster Afroamerikaner einen Doktortitel in Harvard. Er war nicht nur Professor für Geschichte, Soziologie und Ökonomie an der Universität Atlanta und ein produktiver Autor, sondern kämpfte als Schlüsselfigur der Bürgerrechtsbewegung für die Gleichberechtigung der Schwarzen.

Empedokles (um 490–um 430 v.Chr.)
Die Philosophie des griechischen Denkers Empedokles kreiste um die Lehre von den vier Elementen der Materie: Erde, Luft, Feuer und Wasser. Alles, auch der Mensch, setzt sich daraus zusammen. Der Anhänger der Lehren Pythagoras' glaubte an die Vorstellung von Wiedergeburt und lebte als Vegetarier.

Epikur (341–270 v.Chr.)
Der altgriechische Philosoph Epikur glaubte, da mit dem Tod Freude und Leid ein Ende finden, muss der Mensch ein Höchstmaß an Glück und Seelenheil im Diesseits finden. Seine Schule im Garten seines Hauses hatte eine kleine, treue Anhängerschar und stand als erste altgriechische Philosophenschule auch generell Frauen offen.

Frantz Fanon (1925–1961)
Frantz Fanon wurde auf Martinique geboren und studierte in Frankreich Medizin, Philosophie und Psychologie. Er beeinflusste die postkoloniale Forschung und schrieb über Gewalt, Korruption und Sozialkontrolle. Er starb mit 36 Jahren. Sein letztes Buch, *Die Verdammten dieser Erde*, wurde posthum mit einem Vorwort von Jean-Paul Sartre veröffentlicht.

Ludwig Feuerbach (1804–1872)
Ludwig Feuerbach war ein deutscher Philosoph und Anthropologe. Er brach ein Theologiestudium ab und studierte bei Georg Wilhelm Friedrich Hegel an der Universität Berlin, dessen Ansichten er später ablehnte. Er war Materialist. Viele seiner Schriften setzten sich kritisch mit Religion auseinander. Gott existierte für ihn bekanntermaßen nur als idealisiertes Objekt des menschlichen Bewusstseins.

Paul Feyerabend (1924–1994)
Der Wissenschaftstheoretiker Paul Feyerabend wurde in Wien (Österreich) geboren. Nach dem Gymnasium ging er zur Armee und wurde im Zweiten Weltkrieg mit dem Eisernen Kreuz ausgezeichnet. Nach dem Krieg schrieb er kurz für das Theater. Er kehrte zum Studium nach Wien zurück und wurde von Karl Popper beeinflusst. Laut Feyerabend lassen sich keine allgemeinen wissenschaftlichen Methoden formulieren, weil diese sich ständig ändern.

Gottlob Frege (1848–1925)
Der Deutsche Gottlob Frege war Mathematiker und refomierte die philosophische Logik, die sich seit Aristoteles kaum verändert hatte. Obwohl er auch Physik und Chemie studierte und zur Sprachphilosophie beitrug, lehrte er zeitlebens Mathematik und Logik an der Universität Jena.

Siddhartha Gautama (Buddha) (um 563–um 483 v.Chr.)
Siddhartha Gautama wurde in eine adlige Familie im heutigen Nepal geboren. Als er zum ersten Mal den Palast verließ, entsetzte ihn das menschliche Leid, das er sah, und er wollte etwas dagegen tun. Durch Meditation erlangte er Erleuchtung und wurde der „Buddha". Der Buddhismus basiert auf seinen Lehren.

Edmund Gettier (1927–)
Edmund Gettier ist ein US-amerikanischer Professor und Epistemologe. Er lehrte zehn Jahre an der Wayne State University in Michigan (USA) und ging dann an die Universität von Massachusetts, wo er heute noch ist. Gettier ist am bekanntesten für einen dreiseitigen Aufsatz von 1963 mit dem Titel „Is Justified Belief True Knowledge?".

Olympe de Gouges (1748–1793)
Olympe de Gouges wurde als Marie Gouzes in Südfrankreich geboren. Im vorrevolutionären Paris legte sie sich einen Künstlernamen zu und versuchte sich als Schriftstellerin. Als Autodidaktin verfasste sie Dramen, Romane und Denkschriften und kämpfte leidenschaftlich für Frauenrechte und gegen Sklaverei. Ihre Haltung führte zu ihrer Inhaftierung, Verurteilung und Hinrichtung durch die Guillotine.

Georg Wilhelm Friedrich Hegel (1770–1831)
Georg Wilhelm Friedrich Hegel wurde in Stuttgart geboren und studierte Theologie in Tübingen. Er wandte sich der Philosophie zu und lehrte an der Universität Jena. Seine Philosophie umfasst die Wirklichkeit einschließlich ihrer geschichtlichen Entwicklung. Er wurde Professor für Philosophie in Heidelberg und später Berlin, starb jedoch auf dem Höhepunkt seines Ruhms.

Martin Heidegger (1889–1976)
Der deutsche Philosoph Martin Heidegger war ein begabter Dozent und wurde in den 1930er-Jahren Rektor der Universität Freiburg. Weil er der NSDAP beitrat, erhielt er nach dem Krieg ein Lehrverbot. In seinem bekanntesten Werk *Sein und Zeit* schrieb er, dass wir Zeit nicht nur erleben, sondern unser Sein Zeit *ist*.

Heraklit (um 536–um 470 v.Chr.)
Heraklit wurde in der altgriechischen Stadt Ephesos geboren. Für ihn befand sich der Kosmos in permanentem Wandel. Seine Ideen beeinflussten Platons Werk. Weil er seine Mitbürger verabscheute, zog er sich in die Berge zurück. Als er an Wassersucht erkrankte, soll er sich mit Kuhmist bedeckt und daran gestorben sein.

Thomas Hobbes (1588–1679) siehe S. 80–81

David Hume (1711–1776) siehe S. 22–23

Edmund Husserl (1859–1938)
Edmund Husserl wurde in Mähren (heute Tschechische Republik) geboren. Er studierte Astronomie, Mathematik und später Philosophie. 1916 erhielt er eine Professur in Freiburg und wurde 1933 als Jude von den Nationalsozialisten mit einem Lehrverbot belegt. Husserl war der Begründer der Phänomenologie (Erscheinungslehre).

Hypatia von Alexandria (um 355–415)
Die ägyptische Philosophin Hypatia wurde in Alexandria geboren und war eine führende Astronomin und Mathematikerin ihrer Zeit. Ihre Philosophie kreiste um den Glauben an ein göttliches Wesen, „der Eine", der höchsten Quelle der Wirklichkeit. Von Christen und Juden als Heidin verachtet, wurde sie von christlichen Fanatikern brutal ermordet.

William James (1842–1910)
William James stammte aus einer reichen, einflussreichen New Yorker Familie. Sein Vater war Philosoph, sein Bruder Henry wurde ein berühmter Romanautor. Er erwarb einen Doktor der Medizin in Harvard (praktizierte jedoch nie) und lehrte Medizin, Psychologie und Philosophie. Als Pragmatiker war für ihn eine Überzeugung dann wahr, wenn sie nützlich ist. Er untersuchte das Bewusstsein und beschrieb es als Prozess im kontinuierlichen Wandel.

Immanuel Kant (1724–1804) siehe S. 30–31

Søren Kierkegaard (1813–1855)
Søren Kierkegaard wurde in eine wohlhabende, dänische Familie geboren. Dank seines Erbes konnte er sein Leben der Philosophie widmen. Seine melancholische Veranlagung spiegelt sich in seiner Philosophie wider: Wir können unser Leben selbst gestalten, doch diese Freiheit macht uns nicht zwangsläufig glücklich. Darauf aufbauend, löste er seine Verlobung und blieb zeitlebens allein.

Kong Fuzi (Konfuzius) (551–479 v.Chr.)
Konfuzius war ein adliger Denker und Lehrer in China, dessen Lehren um die menschliche Ordnung kreisten. Mit 15 Jahren verschrieb er sein Leben dem Lernen und Lehren und stellte eine gesellschaftliche und politische Philosophie auf, die oft als Grundlage des folgenden chinesischen Denkens gilt.

Thomas Samuel Kuhn (1922–1996)
Der US-amerikanische Philosoph Thomas S. Kuhn promovierte in Harvard in Physik und studierte danach Wissenschaftsphilosophie. Am bekanntesten ist er für seine Theorie, dass eine Wissenschaft sich nicht linear entwickelt, sondern periodischen Paradigmenwechseln unterliegt (Umdenken nach bahnbrechenden Erkenntnissen).

Gottfried Wilhelm Leibniz (1646–1716)
Der deutsche Philosoph und Mathematiker Gottfried Wilhelm Leibniz ist für sein Schaffen im Bereich der Metaphysik und Logik bekannt. Er studierte Rechtswissenschaft, arbeitete u.a. als Berater und Diplomat und befasste sich mit Philosophie, Geologie, Physik und Technik. Unabhängig von Isaac Newton entwickelte er die Infinitesimalrechnung, die ihm zu Lebzeiten aber nicht zuerkannt wurde.

John Locke (1632–1704)
John Locke wurde als Sohn eines Anwalts in England geboren. Er studierte Medizin in Oxford, wo er später lehrte. Das Werk von René Descartes brachte ihn zur Philosophie. Er ist ein Hauptvertreter des britischen Empirismus und für seine politisch-philosophischen Schriften und seinen Versuch bekannt, die Grenzen des menschlichen Wissens zu definieren.

Niccolò Machiavelli (1469–1527)
Niccolò Machiavelli war ein italienischer Politiker und Diplomat, der zeitlebens in Florenz wohnte. Er verfasste politische Schriften und gilt als Vater der modernen Politikwissenschaft. Der abwertende Begriff „Machiavellismus" wird für skrupelloses Machtverhalten gebraucht, wie Machiavelli es in seinem berühmtesten Werk *Der Fürst* über die Erringung und Erhaltung von Macht beschreibt.

Karl Marx (1818–1883)
Karl Marx war ein deutscher Ökonom und Philosoph, dessen Werk eine einschneidende Auswirkung auf das 20. Jahrhundert hatte. 1843 begegnete er Friedrich Engels, mit dem er bis zum Tod zusammenarbeitete. 1848 veröffentlichten sie das *Kommunistische Manifest*. Marx hielt den Konflikt zwischen Arm und Reich für die Wurzel alles gesellschaftlichen Übels und propagierte das Gemeineigentum.

John Stuart Mill (1806–1873)
John Stuart Mill wurde in London geboren, arbeitete 30 Jahre für die East India Company und schrieb in seiner Freizeit. Durch seinen Vater, den Philosophen und Ökonomen James Mill, erhielt er eine profunde Ausbildung: Bereits mit sieben Jahren beherrschte er Griechisch und Latein. Später übernahm er die utilitaristische Denkweise seines Vaters und Jeremy Benthams. Beeinflusst von seiner Frau Harriet Taylor trat er für die Gleichstellung der Frau ein und verfasste mit ihr das ihr gewidmete Buch *Über die Freiheit*.

G. E. Moore (1873–1958)
Der britische Philosoph George Edward Moore studierte an der Universität Cambridge und lehrte dort später neben Bertrand Russell und Ludwig Wittgenstein im „Goldenen Zeitalter der Philosophie" in Cambridge. Er ist bekannt als Verfechter des Common Sense und für seine Beiträge zu Ethik, Erkenntnistheorie und Metaphysik.

Arne Næss (1912–2009)
Arne Næss wurde in Oslo (Norwegen) geboren und promovierte in Philosophie ebenda. Später wurde er eine Schlüsselfigur der Umweltbewegung und entwickelte die „Tiefenökologie" als ganzheitliche Natur- und Umweltphilosophie, die gleichberechtigte Sorge für alles Lebende, nicht nur für den Menschen, trägt.

Friedrich Nietzsche (1844–1900)
Friedrich Nietzsche wurde in Deutschland als Sohn eines evangelischen Pfarrers geboren. In seiner Religionskritik argumentierte er, dass Religion und die Angst vor der Strafe Gottes uns daran hindern, unser wahres Potenzial zu erkennen. Mit nur 25 wurde er Professor. Sein Leben war von körperlicher und geistiger Krankheit gezeichnet. Seine Philosophie wurde erst im 20. Jahrhundert wiederentdeckt.

Robert Nozick (1938–2002)
Robert Nozick wurde in Brooklyn (USA) geboren. Er promovierte in Philosophie in Princeton und lehrte dort und in Harvard. Am bekanntesten ist er für sein Buch *Anarchie, Staat, Utopia* (1974), eine liberalistische Antwort auf die Schrift seines Kollegen John Rawls *Eine Theorie der Gerechtigkeit* (1971).

Parmenides (um 515–um 450 v.Chr.)
Der altgriechische Philosoph Parmenides stammte aus Elea (heute Süditalien). Er stand unter dem Einfluss von Xenophanes und ist ein Hauptvertreter der philosophischen Schule der Eleaten. Sein einziges überliefertes Werk ist das Gedicht *Über die Natur.* Ihm ist ein Dialog Platons gewidmet, der von ihm stark beeinflusst war.

Charles Sanders Peirce (1839–1914)
Charles S. Peirce stammte aus Cambridge, Massachusetts (USA). Sein Vater war ein begabter Mathematiker und Astronom. Peirce war vorrangig Wissenschaftler und glaubte, Philosophie sollte nicht nach Wahrheit, sondern zufriedenstellenden Erklärungen streben. Neben William James, mit dem ihn eine lebenslange Freundschaft verband, gehörte er zu den Hauptvertretern des Pragmatismus.

Platon (um 427–347 v.Chr.) **siehe S. 48–49**

Karl Popper (1902–1994)
Karl Popper wurde als Sohn jüdischer Eltern in Österreich geboren. 1937 emigrierte er aus Angst vor dem Nationalsozialismus nach Neuseeland. Später wurde er britischer Staatsbürger. Als anerkannter Wissenschaftstheoretiker argumentierte er, Theorien ließen sich eher durch die Widerlegung statt den Beweis von Hypothesen belegen. 1965 wurde er in den Adelsstand erhoben.

Protagoras (um 490–um 420 v.Chr.)
Protagoras wurde im altgriechischen Abdera geboren, aber verbrachte den Großteil des Lebens in Athen. Als bedeutendster Sophist, einer Gruppe wandernder Lehrer und Denker, entwickelte er einen Relativismus (Moral verändert sich je nach kulturellem und historischem Kontext). Es heißt, man habe ihn der Gottlosigkeit beschuldigt, seine Bücher verbrannt und ihn aus Athen verbannt.

Hilary Putnam (1926–2016)
Hilary Putnam wurde in Chicago geboren, aber verbrachte die Kindheit in Frankreich, bevor er in die USA zurückkehrte. Nach dem Studium der Mathematik und Philosophie promovierte er in Philosophie. Putnam hatte eine erlesene akademische Laufbahn: Er wurde 1965 Mitglied der American Academy of Arts and Sciences und 1976 Präsident der American Philosophical Association. Am bekanntesten ist sein Beitrag zur Philosophie des Geistes.

Pythagoras (um 570–um 495 v.Chr.)
Pythagoras versuchte als Erster, mit Mathematik das Universum zu erklären. Seine mathematischen Lehrsätze werden heute noch gelehrt. Er wurde auf der griechischen Insel Samos geboren und zog später nach Süditalien, wo er eine Schule für Philosophie und Religion gründete. Seine vielen Anhänger hatten sich der Suche nach Wissen verschrieben und lebten und arbeiteten nach strengen Regeln, zu denen auch das Verbot gehörte, Bohnen zu essen.

John Rawls (1921–2002)
John Rawls wurde in Baltimore (USA) geboren. Er studierte in Princeton, diente während des Zweiten Weltkriegs in der Armee und promovierte danach in Moralphilosophie. Dann forschte er in Oxford (England), wo er von Isaiah Berlin beeinflusst wurde. Sein Hauptwerk *Eine Theorie der Gerechtigkeit* (1971) beschreibt sein Gerechtigkeitsprinzip der „Gerechtigkeit als Fairness" und inspirierte ein wiederauflebendes Interesse an Moralphilosophie und politischer Philosophie.

Jean-Jacques Rousseau (1712–1778)
Jean-Jacques Rousseau wurde in eine calvinistische Familie in Genf (Schweiz) geboren. Mit 16 ging er nach Frankreich und verdingte sich als Lehrer, Musiker und Schriftsteller. Später wurde er Teil einer berühmten Gruppe französischer Denker, zu denen Diderot und Voltaire gehörten. Er glaubte, die Gesellschaft beschränke unsere natürliche Unabhängigkeit und behindere das friedliche Zusammenleben. Seine umstrittenen Ansichten beeinflussten die Französische Revolution sowie das moderne politische und soziologische Denken.

Bertrand Russell (1872–1970)
Bertrand Russell wurde in eine einflussreiche, liberale, britische Aristokratenfamilie geboren. Sein Patenonkel war John Stuart Mill. In Cambridge wurde er von Alfred North Whitehead unterrichtet, mit dem er die *Principia Mathematica* verfasste. Später unterrichtete er Ludwig Wittgenstein in Cambridge. Er leistete wichtige Beiräge zu Logik, Erkenntnistheorie und Mathematik. Russell war ein bekannter Friedensaktivist und erhielt 1950 den Nobelpreis für Literatur.

Gilbert Ryle (1900–1976)
Der Engländer Gilbert Ryle war Sohn wohlhabender Eltern. Er studierte in Oxford, wo er bis zum Zweiten Weltkrieg lehrte und dann in der Armee diente. Er lehnte die Vorstellung von der Immaterialität des menschlichen Geistes ab und beschrieb das in seinem Buch *Der Begriff des Geistes* von 1949 als Dogma vom „Geist in der Maschine".

Jean-Paul Sartre (1905–1980)
Der Existentialist Jean-Paul Sartre wurde in Paris geboren und studierte Philosophie an der École normale supérieure, wo er seiner Lebensgefährtin Simone de Beauvoir begegnete. Er lehrte bis zum Zweiten Weltkrieg, diente dann in der Armee und wurde kurz inhaftiert, bevor er sich dem Widerstand anschloss. Nach dem Krieg wurde sein Schaffen zunehmend politisch, obwohl er weiterhin philosophische Werke, Dramen und Romane verfasste. 1964 lehnte er den ihm zugedachten Nobelpreis für Literatur ab.

Arthur Schopenhauer (1788–1860)
Arthur Schopenhauer wurde in eine wohlhabende, deutsche Familie geboren. Er lehrte gleichzeitig mit Hegel, den er verachtete, Philosophie an der Unversität Berlin. Er vertrat eine pessimistische Sicht und ist am bekanntesten für das Buch *Die Welt als Wille und Vorstellung* sowie die Theorie, die Realität setze sich aus einer erfahrbaren (Vorstellung) und einer nicht erfahrbaren Welt (Wille) zusammen.

John Searle (1932–)
Der US-amerikanische Philosoph John Searle ist für das Gedankenexperiment „Chinesisches Zimmer" am bekanntesten. Es hinterfragt das tatsächliche Denkvermögen Künstlicher Intelligenz. Zudem leistete er wichtige Beiträge zur Sprachphilosophie und Philosophie des Geistes. Er erhielt viele Auszeichnungen und Ehrenwürden.

Peter Singer (1946–)
Peter Singers jüdische Eltern emigrierten 1938 aus Angst vor den Nationalsozialisten aus ihrer Heimat Österreich nach Australien. Singer wuchs in Melbourne auf. Als Moral- und politischer Philosoph ist er am bekanntesten dafür, dass er Tieren Rechte und das gleiche Leidensvermögen wie Menschen zuschreibt. Außerdem behandelte er Themen wie Abtreibung, Euthanasie und soziale Gerechtigkeit.

Sokrates (469–399 v.Chr.) siehe S. 122–123

Susan Sontag (1933–2004)
Sontag wurde als Susan Rosenblatt in New York (USA) geboren und erwarb einen Master in Philosophie in Harvard. Sie lehrte Philosophie und widmete sich dann ausschließlich dem Schreiben. Sie ist für Essays über moderne Kultur bekannt, besonders zum Thema Kunst und Ästhetik, die um die Interpretation von Bildern kreisen.

Baruch de Spinoza (1632–1677)
Baruch (später Benedictus) de Spinoza wurde in Amsterdam in eine jüdische Familie geboren. Wegen seiner Kritik an zentralen Glaubenslehren wurde er aus der jüdischen Gemeinde ausgeschlossen. Als Rationalist war er von René Descartes beeinflusst. Viele seiner Ideen waren so radikal, dass sie erst nach seinem Tod veröffentlicht wurden. Er lebte zurückgezogen und starb jung, vermutlich an dem Staub, den er als Schleifer optischer Linsen einatmete.

Harriet Taylor (1807–1858)
Harriet Taylor wurde in London geboren. Sie ist bekannt für ihre Schriften über Frauenrechte, Sexualität und Politik sowie ihre Überzeugung, Frauen dürften in denselben Bereichen leben und arbeiten wie Männer. Sie heiratete John Stuart Mill nach längerer Bekanntschaft. Viele ihrer Schriften wurden unter Mills Namen veröffentlicht.

Thales von Milet (um 624–um 546 v.Chr.)
Über Thales, der als erster der Sieben Weisen gilt, ist wenig bekannt. Er wurde in Milet geboren und lebte dort. Keines seiner Werke ist erhalten. Aristoteles und Diogenes Laertios berichteten über ihn. Er ist bekannt für seine Behauptung, dass Wasser der Urgrund aller Dinge ist.

Henry Thoreau (1817–1862)
Henry David Thoreau wurde in Concord, Massachusetts (USA) geboren und studierte in Harvard. Er arbeitete als Lehrer und später in der Bleistiftfabrik seines Vaters. Zeitweilig lebte er im Haus seines Freunds und Mentors Ralph Waldo Emerson. Er schrieb mehr als 20 Bücher über Philosophie und Natur, die später die Umweltbewegung beeinflussten. Sein Aufsatz *Über die Pflicht zum Ungehorsam gegenüber dem Staat* inspirierte zahlreiche Bürgerrechtler, wie Mahatma Gandhi und Martin Luther King.

Alan Turing (1912–1954)
Der englische Mathematiker und Logiker Alan Turing war ein Wegbereiter der Künstlichen Intelligenz. Er schuf den später so bezeichneten Turing-Test, mit dem sich das Denkvermögen von Computern überprüfen ließ. Im Zweiten Weltkrieg war er maßgeblich an der Dechiffrierung deutscher Funksprüche beteiligt, die mit der „Enigma" verschlüsselt worden waren. 1952 wurde er wegen seiner Homosexualität verurteilt und beging zwei Jahre darauf Selbstmord.

Alfred North Whitehead (1861–1947)
Alfred North Whitehead wurde in Kent (England) geboren, studierte Mathematik an der Universität Cambridge und lehrte 25 Jahre lang dort. Zu seinen Schülern gehörte Bertrand Russell. Die beiden wurden Freunde und verfassten gemeinsam das berühmte Standardwerk *Principia Mathematica* über Logik. Whiteheads Interesse verlagerte sich allmählich von Mathematik zu Wissenschaftstheorie und Metaphysik.

Wilhelm von Ockham (um 1287–1347)
Wilhelm von Ockham wurde wohl im Dorf Ockham in Südostengland geboren. Er war Franziskanermönch und studierte Theologie an der Universität Oxford, wo er später lehrte. Sein logisches Prinzip – von möglichen Erklärungen eines Sachverhalts ist die einfachste vorzuziehen – wurde später als „Ockhams Rasiermesser" bekannt.

Ludwig Wittgenstein (1889–1951) siehe S. 106–107

Mary Wollstonecraft (1759–1797)
Mary Wollstonecraft wurde als Tochter eines Bauern in London geboren und gilt als eine der ersten Feministinnen. Sie ist am bekanntesten für ihre *Verteidigung der Rechte der Frau* (1792). Darin argumentiert sie, Frauen seien Männern nicht von Natur aus unterlegen, sondern das erscheine nur so, weil sie keine angemessene Bildung erhielten. Sie starb mit 38, zehn Tage nach der Geburt ihrer zweiten Tochter Mary Shelley, der Autorin von *Frankenstein*.

Xenophanes von Kolophon (um 560–um 478 v.Chr.)
Xenophanes wurde im altgriechischen Kolophon geboren, aber führte ein Wanderleben. Er dichtete und beschäftigte sich mit Religion. Seine Philosophie fand Ausdruck in seiner Dichtung. Er wurde für seine satirischen Schriften über die Gottheiten der griechischen Mythologie bekannt. Zudem leistete er wegweisende Beiträge zur Erkenntnistheorie. Er wird von Platon und Aristoteles erwähnt.

Zenon von Elea (um 495–um 430 v.Chr.)
Der griechische Philosoph und Mathematiker Zenon von Elea ist für seine Paradoxien am bekanntesten, besonders für jene, die die Unmöglichkeit von Bewegung nachweisen soll. Aufgrund seiner Argumentationsfähigkeit nannte Aristoteles ihn „Erfinder der Dialektik". Zenon verteidigte die Ansicht Parmenides', das Universum setze sich aus einer einzigen, unveränderlichen Substanz zusammen.

Glossar

Analytisches Urteil
Urteil auf Grundlage dessen, was ein Begriff bereits impliziert, also „Alle Hengste sind männlich". Gegensatz: *synthetisches Urteil*.

Anthropomorphismus
Übertragung menschlicher Eigenschaften auf etwas Nichtmenschliches, wie ein Tier.

Arete
In der altgriechischen Philosophie, Tugend oder Tauglichkeit.

Argument
In der *Logik*, Abfolge von Aussagen, die aus mehreren *Prämissen* und einer *Konklusion* (*Schlussfolgerung*) bestehen. Die *Prämissen* stützen die *Konklusion*.

Ästhetik
Philosophiezweig, der sich dem Schönen und Kunstvollen widmet.

Behauptung
Aussage, die als wahr angenommen wird, aber falsch sein kann.

Beweis
Wahre *Prämissen*, aus denen ein zwingend gültiger *Schluss* erfolgt.

Deduktion
Ableitung eines bestimmten *Schlusses* aus einer allgemeinen Regel. Ein deduktives *Argument* ist immer gültig, anders als beim Gegensatz, der *Induktion*.

Dialektik
Im antiken Griechenland, Mittel der Wahrheitsfindung durch das Diskutieren gegensätzlicher Meinungen.

Ding an sich
Beschaffenheit von etwas, unabhängig von der Wahrnehmung. Synonym: *Noumenon*.

Dualismus
Ansicht, dass es zwei Arten von *Substanzen* gibt.

Eigenschaftsdualismus
Ansicht, dass Körperliches auch nicht körperliche Eigenschaften hat, etwa geistige.

Empirismus
Ansicht, dass alles Wissen über die Außenwelt nur durch die Sinne gewonnen wird.

Erkenntnistheorie
Philosophiezweig, der sich damit beschäftigt, was Wissen ist, was wir wissen können und wie wir Wissen erwerben.

Ethik
Lehre von richtigem und falschem Verhalten und den Regeln der Moral, die unser Verhalten leiten. Auch bekannt als *Moralphilosophie*.

Existenzialismus
Philosophischer Ansatz des 20. Jahrhunderts, der sich auf das menschliche Sein und die Suche nach dem Lebenszweck konzentriert.

Falsifizierbarkeit
Eine Aussage oder mehrere Aussagen sind falsifizierbar, wenn man sie widerlegen kann.

Fehlschluss
Falsche *Schlussfolgerung*.

Freiheitsprinzip
Auch „Schadensprinzip": Theorie von John Stuart Mill, wonach der Mensch frei in seinem Handeln ist, sofern er anderen damit nicht schadet oder ihre Freiheit einschränkt.

Fuzzylogik
Logik der Unschärfe, die mit Informationen umgeht, die sich nicht präzise in wahr oder falsch einordnen lassen.

Gedankenexperiment
Vorgestellte Situation, mit deren Hilfe eine *Hypothese* überprüft werden soll.

Gegensatz
Zwei Aussagen sind gegensätzlich, wenn sie nicht beide wahr, aber beide falsch sein können.

Gesellschaftsvertrag
Übereinkunft der Mitglieder einer Gesellschaft, zur Erreichung gemeinsamer Ziele zusammenzuarbeiten, zuweilen auf Kosten der Interessen Einzelner.

Gültigkeit
Ein *Argument* ist gültig, wenn sich dessen *Schluss* zwingend aus den *Prämissen* ergibt. Der *Schluss* muss nicht notwendig wahr sein.

Halbwahrheit
Aussage, die teilweise wahr ist.

Hypothese
Vorläufige Annahme, die es zu überprüfen gilt.

Idealismus
Ansicht, alles Seiende setzt sich aus dem Geist und dessen Vorstellungen, nicht Materie zusammen. Gegensatz: *Materialismus.*

Ideenwelt (Formenwelt)
Laut Platon eine *Welt*, unabhängig von unserer *Welt,* mit den idealen Urformen aller Dinge. Wir sehen nur die unvollkommenen Abbilder dieser vollkommenen Formen.

Induktion
Ableitung eines allgemeinen, nicht zwingend folgenden Schlusses aus einzelnen Beobachtungen.

Konklusion (Schluss)
In der *Logik*, Schlussatz eines *Arguments*, der sich aus den *Prämissen* ergibt.

Konsequentialismus
Ansicht der *Moralphilosophie,* wonach sich der moralische Wert einer Handlung am Ergebnis misst.

Kontingente Wahrheit
Etwas, das möglicherweise, aber nicht zwingend wahr ist. Gegensatz: *notwendige Wahrheit.*

Leib-Seele-Dualismus
Ansicht, dass Körper und Geist zwei getrennte *Substanzen* sind.

Liberalismus
Ansicht in der *politischen Philosophie*, dass die Gesellschaft die Freiheit und Gleichheit des Einzelnen schützen muss.

Logik
Philosophiezweig, der sich mit dem Argumentieren befasst, insbesondere dem folgerichtigen Schließen und dem Erkennen von fehlerhaften *Argumenten.*

Logische Form
In der *Logik*, die Struktur eines *Arguments.*

Logisches Denken
Etwas schlüssig und folgerichtig durchdenken.

Implikation
In der *Logik*, wenn etwas zwangsläufig aus etwas anderem folgt.

Materialismus
Ansicht, dass alles Seiende etwas Materielles ist und es keine immateriellen *Substanzen* oder Eigenschaften gibt. Gegensatz: *Idealismus.*

Metaphysik
Philosophiezweig, der sich mit den fundamentalen, allgemeinen Strukturen der Wirklichkeit befasst.

Monismus
Ansicht, dass alles Seiende sich auf eine einzige *Substanz* oder ein einziges Prinzip zurückführen lässt.

Moralphilosophie
Philosophiezweig, der Richtig und Falsch, Gut und Böse sowie die moralischen Grundlagen unseres Handelns und Urteilens untersucht. Auch bekannt als *Ethik.*

Moral
Normen, die richtiges und falsches Verhalten definieren.

Notwendige Wahrheit
Etwas, das zwingend wahr ist. Gegensatz: *kontingente Wahrheit.*

Noumenon
Ding an sich, das unabhängig und jenseits von unserer Wahrnehmung existiert. Gegensatz: *Phänomenon.*

Paradoxon
Argument, das trotz scheinbar folgerichtigen Schließens aus annehmbaren *Prämissen* zu einem absurd wirkenden *Schluss* führt.

Phänomenon
Wahrnehmbares. Gegensatz: *Noumenon.*

Philosophie des Geistes
Philosophiezweig, der sich mit dem Geist, geistigen Prozessen, Bewusstsein und der Beziehung zwischen Körper und Geist befasst.

Physikalismus
Ansicht, dass alles Seiende sich physisch erklären lässt.

Politische Philosophie
Philosophiezweig, der politisches Handeln sowie Gesellschafts-, Rechts- und Staatssysteme untersucht.

Pragmatismus
Philosophische Theorie, die nach dem Nutzen von Erkenntnissen fragt. Eine Theorie oder Ansicht ist Erfolg versprechend, wenn sie praktisch anwendbar ist.

Prämisse
Ausgangspunkt eines *Arguments*. Jedes *Argument* muss von mindestens einer *Prämisse* ausgehen, wie etwa „Alle Menschen sind sterblich."

Primäre und sekundäre Qualitäten
Laut John Locke hat ein Objekt primäre Qualitäten, die unabhängig von unserer Wahrnehmung messbar sind (wie die Größe), und sekundäre Qualitäten, die von unserer persönlichen Wahrnehmung abhängen (wie die Farbe).

Rational
Etwas, das auf den Prinzipien und dem Gebrauch von *Logik* und Vernunft basiert oder ihnen zumindest nicht widerspricht.

Rationalismus
Ansicht, dass alles Wissen durch *logisches Denken* erworben wird. Gegensatz: *Empirismus*.

Relativismus
Ansicht, dass die Vorstellung von Richtig oder Falsch vom kulturellen, gesellschaftlichen und historischen Kontext abhängt.

Schlussfolgerung
1. *Argument*, bei dem aus *Prämissen* ein *Schluss* gezogen wird.
2. Synonym für den *Schluss* selbst.

Seele
Geistiger, immaterieller Teil eines Lebewesens, der vorgeblich nach dem Tod weiterlebt.

Skeptizismus
Ansicht, dass wir nichts mit Gewissheit wissen und wissen können. So behaupten einige Skeptiker über die Außenwelt, dass wir nichts außerhalb der *Welt* unseres eigenen Geistes wissen können.

Substanz
Seiendes, das unabhängig von anderem Seienden ist. So könnte geistige Substanz unabhängig von körperlicher Substanz existieren. Für den *Materialismus* gibt es nur eine Substanz – die Materie. Der *Dualismus* erkennt zwei Substanzen an: geistige und körperliche.

Syllogismus
Schlussfolgerung, bei der ein *Schluss* aus zwei *Prämissen* gezogen wird. Ein Beispiel für einen Syllogismus ist: „Alle Menschen sind sterblich. Sokrates ist ein Mensch. Also ist Sokrates sterblich."

Synthetisches Urteil
Urteil, das über das vom Begriff bereits Implizierte hinausgeht und eine Erkenntnis hinzufügt. Gegensatz: *analytisches Urteil*.

Tatsachenwahrheit
Gewissheit, die sich durch Abgleich mit der Realität ergibt. Gegensatz: *Vernunftwahrheit*.

Utilitarismus
Theorie der *Moral-* und *politischen Philosophie*, wonach sich der moralische Wert einer Handlung an derem Ergebnis misst. Das wünschenswerteste Ergebnis bringt der größten Zahl den größten Nutzen.

Verifizierbarkeit
Eine Aussage ist verifizierbar, wenn sie sich beweisen lässt.

Vernunftwahrheit
Gewissheit, die sich durch Denken ergibt. Gegensatz: *Tatsachenwahrheit*.

Welt
In der Philosophie werden die Worte „Welt", „Universum" und „Kosmos" häufig für die Gesamtheit der von uns wahrnehmbaren Wirklichkeit verwendet. Philosophen beziehen sich zuweilen auf andere „Welten", wie die phänomenale Welt oder die noumenale Welt.

Wesen
Wahre Natur oder Kern von etwas – was es zu dem macht, das es ist.

Widerspruch
Zwei Aussagen sind widersprüchlich, wenn aus dem Wahrsein der einen Aussage das Falschsein der anderen folgt und beide nicht gleichzeitig wahr sein können.

Zirbeldrüse
Kleine, zapfenförmige Drüse im Gehirn. René Descartes hielt sie für die Schnittstelle zwischen Geist und Körper.

Zombie
In der Philosophie, Person, die wie ein Mensch aussieht und sich so verhält, aber kein Bewusstsein hat.

Register

Hinweis: **Fett** gedruckte Seitenzahlen verweisen auf Haupteinträge.

A

B

C

D

E

F

G

H

I

J

K

L

M

N

O

P

Q

R

S

T

U

Dank

Der DK Verlag dankt Jackie Brind für das Register.

Der Verlag dankt folgenden Personen und Organisationen für die freundliche Genehmigung zum Abdruck von Fotos:

(Abkürzungen: o = oben, u = unten, m = Mitte, l = links, r = rechts, g = ganz, Hg = Hintergrund)

6 Corbis: Lawrence Manning (mgr). **Fotolia:** dundanim (ml). **iStockphoto.com:** traveler1116 (mgl). **7 Getty Images:** Image Source (ml/enschaftler). **iStockphoto.com:** urbancow (mr). **10 Alamy Images:** Blend Images. **13 Dorling Kindersley:** Rough Guides / Brice Minnigh (ur). **15 Corbis:** George Tatge / Alinari Archives (gor). **17 Corbis:** Richard T. Nowitz (ur). **19 Dorling Kindersley:** Sir John Soane's Museum, London (ur). **21 Corbis:** Stephen Simpson (ur). **25 Dreamstime.com:** Eric Isselee (ur/Löwe, ur/Tiger). **33 Corbis:** Hyungwon Kang / Reuters (ur). **35 Dorling Kindersley:** Rough Guides / Roger Norum (mor). **38 Corbis:** Halfdark / fstop. **40 Science Photo Library:** Laguna Design (ul). **42 Fotolia:** Paul Paladin (ul). **47 Dorling Kindersley:** Birmingham Buddhist Vihara (ur). **51 Alamy Images:** AF archive (ur). **64–65 Alamy Images:** Henry Arden / Cultura Creative (RF). **67 Fotolia:** Valdis Torms (ur). **79 Alamy Images:** Photos 12 (ur). **88 Alamy Images:** Image Source / IS026617R. **95 Dorling Kindersley:** Science Museum, London (um). **99 Wikipedia:** (gor). **101 Alamy Images:** Hugh Threlfall (gor). **104 Pearson Asset Library:** Pearson Education Ltd / Jules Selmes (u). **106–107 Getty Images:** Hulton Archive / Dorling Kindersley (Grafik). **111 Alamy Images:** Brian Hagiwara / Brand X Pictures (ur). **116 Alamy Images:** YAY Media AS / BDS. **118: Dorling Kindersley:** Whipple Museum of History of Science, Cambridge (ul). **122–123 Getty Images:** G. Dagli Orti / De Agostini / Dorling Kindersley (Grafik). **132 Corbis:** Alfredo Dagli Orti / The Art Archive (ul). **137 Alamy Images:** Everett Collection Historical (ur). **Dorling Kindersley:** Corbis / Hulton-Deutsch Collection. **141 Corbis:** Leonard de Selva (ur). **143 Corbis:** Chris Hellier (gor). **144 Dorling Kindersley:** Rough Guides / Lydia Evans (u).

Cover: ***Vorn:*** **123RF.com:** dimitriosp (ur).

Nachweis der verwendeten Zitate:

Der Verlag hat sich bemüht, alle Rechteinhaber zu ermitteln. Eventuelle Auslassungen werden bei entsprechendem Hinweis gern in einer späteren Auflage korrigiert.

12: Pythagoras zitiert nach: Reiner Ruffing, *Philosophiegeschichte,* utb, Wilhelm Fink, Paderborn 2015, S. 34. **13:** Protagoras, *Vitae philosophorum IX,* 51, 8–52, I, Übersetzung O. Apelt. **14:** Xenophanes zitiert nach: Rowohlt Monographie: Popper, S. 68. **16:** Platon, *Phaidon,* Kap. 18, Bedeutung des Erinnerns, Übersetzung nach Schleiermacher. **17:** Aristoteles, *Metaphysik,* 980a21. **18–19:** Platon, *Staat,* Drittes Buch, 19, in der Übersetzung von Karl von Prantl. Descartes, *Prinzipien der Philosophie,* Über die Prinzipien der menschlichen Erkenntnis, §4. **23:** Hume, *Traktat über die menschliche Natur,* in der Übersetzung von E. Köttgen, Verlag von Leopold Voss, Hamburg und Leipzig, 1865, (über die Irrtümer der Philosophie), *Traktat über die menschliche Natur.* Buch II, Teil III, Dritter Abschnitt. Hamburg 1978, S. 153 (über die Vernunft als Sklave der Affekte). **24:** Locke, *Versuch über den menschlichen Verstand,* II, 1 §2. **26–27:** Hume, *Untersuchung in Betreff des menschlichen Verstandes.* **28–29:** Platon, *Theaitetos* 187 a–e. **31:** Kant, *Kritik der praktischen Vernunft,* Kap. 27. **32:** Locke, *Versuch über den menschlichen Verstand,* II, 1, §19. **33:** Kant, *Kritik der reinen Vernunft,* II 1.2. **34:** William James, *Der Wahrheitsbegriff des Pragmatismus* (1907), in der Übersetzung von Wilhelm Jerusalem, Leipzig 1908, Verlag von Dr. Werner Klinkhardt. **35:** John Dewey, *The Influence of Darwinism on Philosophy,* 1909, frei übersetzt. **41:** Demokrit, zitiert nach: Karl Marx, *Differenz der demokritischen und epikureischen Naturphilosophie,* 1. Teil, III. **42:** Demokrit, zitiert nach: Capelle, Wilhelm (Hrsg.): *Die Vorsokratiker. Die Fragmente und Quellenberichte,* übers. von Wilhelm Capelle, Alfred Kröner Verlag, Stuttgart 2008. **43:** Pythagoras, zitiert nach: Jamblicho, *Vita Pythagoras,* 102. **44:** David Hume, *Dialoge über die natürliche Religion,* Übersetzung durch Friedrich Paulsen von 1877. **45:** Berkeley, *Eine Abhandlung über die Prinzipien der menschlichen Erkenntnis,* erste deutsche Übersetzung durch Friedrich Ueberweg, Berlin 1869. **47:** Arthur Schopenhauer, *Die Welt als Wille und Vorstellung,* 1. Band, 4. Buch, §53, 1859. **49:** Platon zitiert nach: Friedrich Schleiermacher, *Platons Werke,* Dritten Theiles Erster Band, Der Staat, S. 70. **52:** Thomas von Aquin, *Sancti Thomae Aquinatis,* Summa Theologiae, Prima Pars, Quastio 2, Übersetzung: Hans Zimmermann. **53:** Anselm von Canterbury in: Rolf Schönberger, *Anselm von Canterbury,* Beck'sche Reihe Denker, C.H. Beck, 2004. **54:** Feyerabend zitiert nach: *Kindler Kompakt: Philosophie 20. Jahrhundert,* Springer-Verlag 2017. **55:** Thomas Samuel Kuhn in: „Logic of Discovery or Psychology of Research?", hrsg. von Imre Lakatos, Alan Musgrave, *Criticism and the growth of knowledge.* Cambridge University Press 1970, S. 7, frei übersetzt. **57:** Thomas von Aquin, *Summe der Theologie,* (Prima Pars Secundae Partis, Quaestio 109. Articulus 1), *Die katholische Wahrheit oder die theologische Summa des Thomas von Aquin,* deutsch wiedergegeben durch Ceslaus Maria Schneider, Verlagsanstalt von G. J. Manz, Regensburg 1886–1892. **58:** Georg W. F. Hegel, *Vorlesungen über die Philosophie der Geschichte,* 1837 (posthum). **60:** Martin Heidegger, *Einführung in die Metaphysik.* De Gruyter 1987 „Was ist Metaphysik" (1929), in: Band 9 (Wegmarken) der Heidegger-Gesamtausgabe, Verlag Vittorio Klostermann, S. 122. **61:** Jean-Paul Sartre, *Der Existenzialismus ist ein Humanismus,* Rowohlt 2000, S. 155. **66:** Sokrates zitiert in: Platon, *Phaidros.* **67:** Epikur, *Brief an Menoikeus.* **68:** Descartes, *Untersuchungen über die Grundlage der Philosophie,* 6. Über das Dasein der körperlichen Dinge ..., S. 101. Baruch de Spinoza, *Ethik,* Über die Natur und den Ursprung des Geistes, 11. Lehrsatz, Zusatz. **70:** Hume zitiert nach: Heiner F. Klemme, *David Hume zur Einführung,* Junius Verlag 2007. **71:** William James, *Psychologie,* übersetzt von Dr. Marie Dürr, Kapitel XI, Der Strom des Bewusstseins, Leipzig: Verlag von Quelle & Meyer 1909, S. 150. **73:** René Descartes, *Prinzipien der Philosophie,* Erstes Kapitel, Felix Meiner Verlag 2007. **75:** Peter Singer, „Alle Tiere sind gleich", in: *Naturethik,* hrsg. von Angelika Krebs, Suhrkamp 1998, S. 14. Charles Darwin, *Gesammelte Werke.* **76:** René Descartes, *Untersuchungen über die Grundlage der Philosophie,* Zweite Untersuchung „Über die Untersuchung der menschlichen Seele, und dass sie uns bekannter ist als ihr Körper". **79:** Thomas Hobbes, In: *De Motu, Loco et Tempore* (erste Ausgabe im Jahr 1973 unter dem Titel *Thomas White's De Mundo Examined*), frei übersetzt. John Locke, *Versuch über den menschlichen Verstand,* Kapitel 27, §9. **80–81:** Thomas Hobbes, *Leviathan. oder Stoff, Form und Gewalt eines kirchlichen und bürgerlichen Staates,* 1651, hrsg. von Iring Fetscher, München 2005, S. 91 / Vom Gemeinwesen, Kapitel 26. **82:** John Searle in: *Minds, Brains and Science.* Cambridge: Harvard University Press (1984), frei übersetzt. Alan Turing zitiert nach: Michio Kaku, *Die Physik des Bewusstseins: Über die Zukunft des Geistes.* **84:** Jerry Fodor, In: „The Trouble with Psychological Darwinism", *London Review of Books,* Vol. 20 No. 2, 22.1.1998, S. 11–13; frei übersetzt. **91:** Richard P. Feynman, Nobel Lecture „The Development of the Space-Time View of Quantum Electrodynamics", December 11, 1965, https://www.nobelprize.org, frei übersetzt. **92:** Gottlob Frege, *Grundgesetze der Arithmetik,* Band 2, § 60, 2008. **94:** Gottfried Wilhelm Leibniz, *Neue Abhandlungen über den menschlichen Verstand,* Viertes Buch: Von der Erkenntnis, Kap. 2, § 1. **97:** Aristoteles, Nikomachische Ethik, Buch 6, Siebentes Kapitel, „Die Weisheit", übersetzt von Eugen Rolfes, 1921. **98:** Alfred North Whitehead, *Dialogues,* Lucien Price (1954), frei übersetzt. **100:** Francis Bacon, Über die Würde und den Fortgang der Wissenschaften, Reprografischer Nachdruck der Originalausgabe 1783. Darmstadt, Wissenschaftliche Buchgesellschaft 1966. **102:** David Hume, *A Treatise of Human Nature,* 1739, frei übersetzt. **103:** Karl Popper, *Logik der Forschung,* 1989. **105:** Wilhelm v. Ockham zitiert nach: Christiane Schildknecht: *Der Dualismus und die Rettung der Phänomene,* in Gereon Wolters, Martin Carrier: *Homo Sapiens und Homo Faber. Epistemische und technische Rationalitat in Antike und Gegenwart,* S. 227 **107:** Ludwig Wittgenstein, *Philosophische Bemerkungen.* Aus dem Nachlass hrsg. von Rush Rhees, Band 2. **108:** Bertrand Russell, *In Praise of Idleness and other essays,* 1935, frei übersetzt. **110:** Ludwig Wittgenstein, *Logisch-Philosophische Abhandlung* (Tractatus logico-philosophicus), Satz 5.6. **118:** *David Hume's Traktat über die menschliche Natur.* Buch II: Über die Affekte. Buch III: Über Moral, mit Zugrundelegung einer Übersetzung von Frau J. Bona Meyer, Deutsch mit Anmerkungen und einem Index von Theodor Lipps, Hamburg und Leipzig: Verlag von Leopold Voss 1906, S. 198. **119:** Alfred J. Ayer, „Truth" in: *The Concept of a Person and other Essays,* London 1963, zitiert nach: *Wahrheitstheorien – Eine Auswahl aus den Diskussionen über Wahrheit im 20. Jahrhundert,* hrsg. von Gunnar Skirbekk, Frankfurt/M. Suhrkamp 1977. **123:** „Apologia Socratis. Des Sokrates Verteidigungsrede". Nach der Übersetzung von Friedrich E. D. Schleiermacher, in: *Platons Werke,* 2. Aufl., Berlin 1818. **126:** Machiavelli: *Der Fürst,* aus dem Italienischen von Friedrich von Oppeln-Bronikowski. Mit einem Nachwort von Horst Günther, Frankfurt am Main: Insel 1990, S. 88. Jeremy Bentham, „A Fragment on Government", preface, In: *The Collected Works of Jeremy Bentham,* hrsg. von J.H. Burns/H.L.A. Hart, London 1977, S. 393, 1776, frei übersetzt. **128:** Aristoteles, *Politik.* **131:** Hannah Arendt, *Eichmann in Jerusalem. Ein Bericht von der Banalität des Bösen,* aus dem Englischen von Brigitte Granzow, München, Piper 2011. **132:** Thomas Hobbes, *De Cive* („Über den Bürger"), Kap. 1, Sektion 12, 1642. Karl Marx/Friedrich Engels, *Manifest der Kommunistischen Partei,* Kap. IV., 1848. **133:** J.-J. Rousseau, *Politische Schriften,* utb 1995, S. 61. **134:** John Stuart Mill, Über die Freiheit, aus dem Englischen übersetzt von Bruno Lemke, Mit Anhang und Nachwort herausgegeben von Bernd Gräfrath, Reclam 1974, S. 23. **137:** Olympe de Gouges, zitiert nach: *Erklärung der Rechte der Frau und Bürgerin* (1791), Artikel 10. **137:** Frantz Fanon, *Schwarze Haut, weiße Masken.* Übersetzt von Eva Moldenhauer. Syndikat, Frankfurt am Main 1980, S. 42. **138–139:** Simone de Beauvoir, *Das andere Geschlecht. Sitte und Sexus der Frau,* aus dem Französischen von Uli Aumüller und Grete Osterwald, Rowohlt 1992, S. 194, S. 334. **140:** Thomas von Aquin, *Summe der Theologie* (siehe Anmerkung zu S. 57). **141:** Karl Marx, „Zur Kritik der Hegelschen Rechtsphilosophie. Einleitung", in: Karl Marx/Friedrich Engels, *Werke,* Bd. 1, Berlin (DDR): Karl Dietz Verlag 1976, S. 378. **143:** Arne Naess, *Die Zukunft in unseren Händen. Eine tiefenökologische Philosophie,* hrsg. von David Rothenberg, Wuppertal Hammer Verlag 2013, S. 54f. John Seed, Joanna Macy, Pat Fleming, Arne Naess, et al., *Denken wie ein Berg. Ganzheitliche Ökologie: Die Konferenz des Lebens,* Edition Pax im Verlag Hermann Bauer 1989. **144:** Platon zitiert nach der Übersetzung von Friedrich E. D. Schleiermacher, in: *Platons Werke,* Zweiter Theil - Kapitel 21, *Dialog Philebos.* **145:** Susan Sontag zitiert nach: Ben Dupré, *50 Schlüsselideen Philosophie,* aus dem Englischen von Regina Schneider, Spektrum Verlag 2010, S. 149.